Am Anfang war das Vanillin: Die Väter der Aromen-Industrie in Holzminden

Georg Schwedt

2017

Herstellung und Verlag:
BoD - Books on Demand, Norderstedt
ISBN 978-3-7448-9306-0

Inhalt

VORWORT und EINFÜHRUNG

Im August 1989 kam ich kurz nach dem Abschluss meines Studiums als Diplom-Chemiker während eines Urlaubs in Neuhaus im Solling zum ersten Male mit dem Postbus nach Holzminden. Mein erster Eindruck: Die ganze Stadt roch nach Vanille!

Mit der heutigen Aroma- und Riechstoff-Industrie in Holzminden unter dem Firmennamen SYMRISE sind als Pioniere ihrer Zeit die Namen Wilhelm HAARMANN, Karl REIMER, Ferdinand TIEMANN und Wilhelm KUBEL verbunden. Die Geschichte beginnt mit Vanillin. Sie zeigt zugleich ein Stück Chemie- und Industriegeschichte, verbunden mit den bedeutendsten Chemikern an Universitäten wie Berlin und Göttingen. Die genannten Personen werden ausführlich durch die Wiedergabe von Nachrufen und zeitgenössischen Berichten gewürdigt, ihr Netzwerk in der Wissenschaft (mit Kontakten zu französischen Chemikern nach dem Deutsch-französischen Krieg 1870/71) und auch das noch heute als Zentrum der Aromenforschung und –produktion geltende Städtchen Holzminden in der zweiten Hälfte des 19. Jahrhunderts werden näher vorgestellt.

Es war mein Anliegen, die Chemiker dieser Epoche selbst zu Wort kommen zu lassen und habe ihre Ausführungen erläutert bzw. die Lebensläufe der genannten Kollegen beschrieben.

Fast ein Vierteljahrhundert nach meinem ersten Besuch in Holzminden beschäftigten sich zwei Mitarbeiter in meinem Arbeitskreis Analytische Chemie im Institut für Anorganische und Analytische Chemie der TU Clausthal mit der Anwendung der instrumentellen Analytik auf ethanolische Extrakte aus verschiedenen Holzarten, in denen sie Vanillin und zahlreiche ähnliche Substanzen als Abbauprodukte des Lignins entdeckten. Vanillin und diese Stoffe spielen auch eine wichtige Rolle im Reifungsprozess hochwertiger Weinbrände in Holzfässern. Auch darüber wird anhand der Publikationen berichtet.

Der in Chemiedidaktik an der Universität Bielefeld 2010 promovierte Björn Bernhard KUHSE hat in insgesamt drei Büchern sowohl die Biographie von Wilhelm Haarmann – *Wilhelm Haarmann auf den Spuren der Vanille. Forscher, Unternehmer und Pionier der Riechstoffe* (2012) und im Roman *Der Herr der Düfte. Mit der Vanille zum Multimillionär* (2015) – als auch das Thema für den Schulunterricht unter dem Titel *Vanillin – Historie und Schulrelevanz. Die Geschichte einer regionalen Riechstoffindustrie und deren Verwendung in einem praxisorientierten Chemieunterricht* (Dissertation 2010) erschöpfend dargestellt. Das vorliegende Buch beschränkt sich daher auf die erste Phase der Entdeckungen anhand vor allem auch der Originalpublikationen.

Der Autor dieser Schrift hat sich mit dem Thema im Sachbuch *Betörende Düfte, sinnliche Aromen* (2008) ebenfalls beschäftigt.

In Holzminden heute folgen wir auch dem Stadtrundgang auf den Spuren der Duft- und Riechstoffe mit 15 Duftstelen – in der Stadt, die seit 2003 mit dem Slogan *Stadt der Düfte und Aromen* wirbt. Dabei werden wir auch einigen historischen Gebäuden aus der Gründungszeit der Firma HAARMANN & REIMER begegnen.

1. Holzminden im 19. Jahrhundert

Schon in der ersten Hälfte des 19. Jahrhunderts gab es Bücher für Reisende im *Wesertal*, u.a. von dem berühmten Dichter Franz von DINGELSTEDT (1814-1881, Verfasser des Weserliedes 1835) in der Reihe „Das malerische und romantische Deutschland".

Der Band *Das Weserthal. Von Münden bis Minden* erschien 1838. In ihm ist über Holzminden (Kap. VI) u.a. zu lesen: *Schon oberhalb Korvei nimmt die Weser wieder ihre nördliche Richtung, und nach einigen Meilen erreichen wir das braunschweigische Städtchen H o l z m i n d e n, dicht an das linke Weserufer gelagert und von einem gleichnamigen Bache bewässert.*

Über die wirtschaftliche Situation vor 1850 berichtete Dingelstedt:

> *Holzminden hat mit seiner Vorstadt Altendorf jetzt etwa 3200 Bewohner und erfreut sich einer ausgezeichneten Gewerbethätigkeit. Man findet hier Steinschleifmühlen, auf welchen die sollinger Steine zu Tafeln, Platten etc. geschnitten werden; Fabriken der Eisen- und Stahlwaaren; eine herzogliche Hütte mit zwei Frischfeuern, einem Zainhammer, einem Schneideeisenwerk und zwei Stahlfeuern; eine Eisengiesserei; vier Blankhämmer; eine Messerschmied- und vier Eisenschleifmühlen; ausserdem auch noch eine Stecknadelfabrik, eine Barchentfabrik und mehrere andere Gewerbe, so dass Holzminden zu den wohlhabendsten Städten des Oberweserthals gehört.*

1845 erschien in Hameln das „WESERBUCH. Ein erklärender Begleiter auf der Weserreise..." von August Engel, in dem ausführlich über Holzminden berichtet wird:

HOLZMINDEN, *r. Herz. Braunsch. Stadt. 404 H. 3450 Ew. Fähre mit Linie. Mündung des Herrenbaches.*

(...)

Gegenwärtiges.

Holzminden, eine freundliche Stadt mit breiten Straßen und ansehnlichen Häusern, liegt in einem über 2 Meilen langen, sehr fruchtbaren Thale an der Heerstraße, welche von Köln nach Berlin führt, bei der Mündung des kleinen Flusses „Herrenbach" in die Weser. Durch die Anlage der Hüttenteiche werden der aus dem Pippinsthale kommende Bach, (welcher aus dem Negelbache und der Dören-Holzminne besteht), und der von Neuhaus kommende Bach, das rothe Wasser, (weiter unter die Holzminde genannt), in den obersten der drei Hüttenteiche aufgenommen. Das aus den Teichen nun wieder abfließende und als e i n Fluß in die Weser mündende Wasser heißt der Herrenbach. – Hauterwerbszweig der Einwohner ist Ackerbau. Außerdem beschäftigen die bei Holzminden gelegenen Eisenhütten, welche in zwei Frischwerken, einer Schneidehütte, einem Zainwerke, einem Stahlhammer und einem Eisendrehwerke bestehn, viele Menschen. Ebenso die Steinschleifmühlen, zum Theil durch Turbinen getrieben, und die übrige Bearbeitung der Sollingsteine. Diese Steine unter dem Namen „Bremer Fluren" bekannt, gehen die Weser hinunter nach der Ostsee, selbst nach dem mittelländischen Meer. Sie werden in den Brüchen des Sollings in mächtigen Lagern aufgefunden und von der Anfuhr und Bearbeitung derselben leben hunderte von Menschen. – Auch gibt es in Holzminden zwei bedeutende Töpfereien, ein Barnsteinziegelei und einige Tabacksfabriken.

Unter den Handerwerkern sind die Moldenhauer und Schaufelmacher bemerkenswerth. – Bei Altendorf liegt ¼ Stunde von der Stadt sehr malerisch eine Papiermühle. – Auch

8

Schafzucht betreibt Holzminden stark. – Der Handel, welcher früher nicht unbedeutend war, hat vorerst durch den Zollanschluß sehr gelitten. Schifffahrt treibt die Stadt mit zehn eigenen Schiffen. – Ein geräumiger Hafen bietet einen sicheren Ueberwinterungsplatz. Er faßt etwa 25 Weserschiffe (Böcke) mit ihren Anhängen, doch steht ihm noch eine Erweiterung bevor.

Holzminden ist der Sitz einer Generalsuperintendentur, einer Kreisdirection, eines Kreisgerichtes, Amtes, Hauptzollamtes und einer Oberforstbehörde.

Das hiesige Gymnasium hat die Berechtigung, auch an seinen Hannöverschen Schülern das Maturitätsexamen vorzunehmen. Es wird von etwa 150 In- und Ausländern besucht, und hat Stipendien für Braunschweiger und Hannoveraner. Das Gymnasialgebäude ragt an der Weserseite bedeutend hervor und trägt die Inschrift „Deo et litteris".

(...)

Ansicht auf Holzminden im *Weserbuch* von August Engel (Hameln 1845)

1843 wurde der Personenschiffsverkehr auf der Weser aufgenommen. 1845 war das neue Schulgebäude in der Neuen Straße eingeweiht worden, das 1876/77 zum Rathaus der Stadt umgebaut wurde, nachdem die Schule in der Karlstraße erbaut worden war.

1865 erhielt die Stadt, deren Einwohnerzahl nun 4738 betrug, einen Anschluss an die Bahnstrecke Altenbeken-Kreiensen.

1874 wurde die Geruchs- und Geschmackstoff-Firma HAARMANN & REIMER gegründet, die mit der Produktion von Vanillin begann.

Der in Berlin wirkende Chemieprofessor August Wilhelm von HOFMANN, den wir später noch näher kennenlernen werden, berichtete über diese Gründung sogar nach Paris, worüber eine kurze Notiz im *Chemischen Zentralblatt* (**5**, 662) 1874 erschien:

A. W. Hofmann berichtet in einer Mittheilung an die Pariser Akademie, dass die Entdecker der künstlichen Darstellung des Vanillins aus dem Cambialsafte der Coniferen, TIEMANN u. HAARMANN, eine Fabrik zur Benutzung dieser Erfindung errichtet haben. Der Saft eines Baumes von mittlerer Grösse liefert Vanillin im Werthe von 100 Frn.; das Holz des Baumes erleidet durch die Extraction des Saftes keinen Schaden...

2. Aus der Vorgeschichte der Vanillin-Gewinnung – W. Kubel und das Coniferin

1866 erschien im *Journal für praktische Chemie* (Band 97, S. 243-246) folgender Beitrag (in Auszügen zitiert):

XXXII.

Coniferin, ein Glucosid aus dem Cambialsafte der Nadelhölzer.

Von

Dr. W. Kubel.

Bei seinen Untersuchungen der Cambialsäfte fand Forstrath Th. H a r t i g in dem Cambialsafte der Nadelhölzer einen Salicin ähnlichen krystallisirenden Körper, welche derselbe mir zur weiteren Untersuchung überliess.

Dieser Körper, zur Gruppe der Glucoside gehörend, scheint in allen Coniferen vorzukommen, bisher wurde er gewonnen aus Abies excelsa, pectinata, Pinus Strobus, Cembra, Larix europaea, *in einigen anderen wurde sein Vorkommen durch seine charakteristische Reaction festgestellt.*

Von seinem Vorkommen wurde ihm der Name Coniferin *gegeben.*)*

---

*) Der anfangs gewählte Name „Abietin" wurde verlassen, da denselben schon ein aus dem Strassburger und Canadischen Terpentin gewonnenes Harz führt.

Sehr leicht gewinnt man das Coniferin aus dem Cambialsafte genannter Coniferen. Cambialsaft nennt H a r t i g die Flüssigkeit, welche man erhält, wenn zur Zeit der Holzbildung die Bäume gefällt und entrindet werden, das auf der Oberfläche des Holzes zurückbleibende Cambium mittelst Glasscherben abgeschabt und die abgeschabte Masse ausgepresst wird. Durch Aufkochen des auf diese Weise von Nadelhölzern erhaltenen trüben Saftes wird darin enthaltenes Eiweiss coagulirt, wodurch zugleich die im Safte supendirten Körnchen (Zellkerne, Stärkemehl etc.) niedergeschlagen werden. Der durch Filtriren nun leicht klar zu erhaltene Saft von süssem, schwach bitterlichem Geschmack wird auf etwa 1/5 seines Volumens eingedampft, worauf sich nach dem Erkalten eine grosse Menge Coniferin in zarten spiessförmigen Krystallen ausscheidet. Durch Abpressen lässt sich der anhängende sehr süss schmeckende Syrup, der einen dem Rohrzucker sehr nahe stehenden Zucker enthält, ziemlich vollständig entfernen; die gelblich gefärbten Krystallle werden wiederholt aus heissem Wasser unter Zusatz von Knochenkohle, auch aus verdünntem Weingeist umkrystallisirt.

Das reine Glucosid bildet weisse, seideglänzende äusserst zarte, scharf zugespitzte Nadeln, seltener tritt es in kleinen warzenförmigen Massen auf, welche aus concentrisch gruppirten Spiesschen bestehen. Die Krystalle enthalten Krystallwasser und verwittern an trockener Luft, bei 100°C. verlieren sie das Wasser vollständig.

Das Coniferin schmilzt bei 185°C. und erstarrt glasig, bei höheren Temperaturen bräunt es sich und verkohlt schliesslich unter Entwicklung von Caramelgeruch, zugleich mit einem eigenthümlichen aromatischen Beigeruch.

[Es folgen nun exakte Angaben zur Elementaranalyse nach dem Verfahren von LIEBIG und am Ende steht folgende Formel:]

$$C_{24}H_{32}O_{12} + 3\ H_2O$$

Die heutige Formel lautet: $C_{16}H_{22}O_8$.
Der Schmelzpunkt dagegen stimmt mit den aktuellen Angaben (186 °C) überein.
Auch wenn die angegebene Formel nach dem heutigen Stand korrigiert werden muss, so sind doch die folgenden Beschreibungen für die weitere Geschichte von großer Bedeutung gewesen:

(...) Beim Kochen einer Lösung unter Zusatz von verdünnter Schwefelsäure oder Salzsäure entsteht sehr bald eine starke Trübung durch Ausscheidung eines harzartigen Körpers von schwach bläulicher Färbung, zugleich entwickelt sich ein höchst angenehmer Vanillegeruch. [!] Der Niederschlag hat nach dem Trocknen eine dunklere Farbe, durch Zusatz von Säuren wird er aus dieser Lösung wieder abgeschieden. Beim Erhitzen entwickelt derselbe einen sehr aromatischen Geruch. Die vom harzartigen Körper abfiltrirte Flüssigkeit dreht den polarisirten Lichtstrahl nach rechts und der darin enthaltene Zucker lässt sich leicht durch die T r o m m e r'sche Probe nachweisen.

Ausgezeichnet ist das Coniferin durch eine sehr charakteristische Reaction. Wie Salicin concentrirte Schwefelsäure roth färbt, so wird die Schwefelsäure durch Coniferin dunkelviolett gefärbt. Auf Zusatz von wenig Wasser zu dieser Lösung entsteht ein Niederschlag, durch welchen die Flüssigkeit indigoblau gefärbt erscheint, offenbar derselbe Niederschlag, welcher sich auch beim Kochen der wässerigen Lösung des Coniferins mit verdünnten Säuren bildet; getrocknet zeigt, letzterer dieselbe Reaction mit Schwefel-säure.

Concentrirte Salzsäure löst das Coniferin in der Kälte ohne Färbung, beim Erwärmen und Verdampfen der Lösung tritt jedoch zugleich der intensiv blau gefärbte Niederschlag auf.

Durch diese Reactionen, vorzüglich durch concentrirte Schwefelsäure lässt sich das Coniferin sehr leicht in den Nadelhölzern nachweisen. Es genügt hierzu einen frischen Schnitt mit concentrirter Schwefelsäure zu befeuchten. Das junge Holz und der Bast färben sich violett.

Zum Stand des Wissens heute:

Der Forstrat Theodor HARTIG (1805-1880) wurde in Dillenburg als Sohn des Forstwissenschaftlers Georg Ludwig Hartig (1764-1837 – ab 1811 Oberlandforstmeister in Berlin) geboren. Th. Hartig verbrachte seine Schulzeit in Berlin und absolvierte ab 1821 eine Forstlehre in Pommern und in der Mark Brandenburg. Danach studierte er Forstwissenschaften an der Forstakademie in Berlin (von seinem Vater gegründet) bzw. nach deren Verlegung in Neustadt-Eberswalde. 1830 wurde er Forstreferendar in Potsdam, ab 1831 hielt er Vorlesungen an der Berliner Forstakademie und übernahm 1837 die Professur seines verstorbenen Vaters an der Berliner Universität. 1838 wechselte an das Collegium Carolinium in Braunschweig, wo er die Professur für Forstwissenschaft erhielt.

Theodor HARTIG

Beim Coniferin ist D-Glucose ß1-glykosidisch mit Coniferylalkohol verknüpft. Es bildet ein Dihydrat, das sich in Wasser und Alkohol löst.

Eine wichtige Erkenntnis für die spätere Gewinnung von Vanillin war, dass Coniferin beim Erhitzen mit verdünnten Säuren in D-Glucose und Coniferylalkohol gespalten wird.

Coniferin färbt sich, mit *Phenol* und konzentrierter Salzsäure versetzt, wie von HARTIG beschrieben, intensiv blau. Beim Erhitzen von Coniferin wird offensichtlich auch etwas Phenol gebildet. KUBEL stellte sowohl den *Vanillingeruch* als auch einen *aromatischen Geruch* fest.

Coniferin   Vanillin

(Das Vanillin-Molekül ist schon in der Formel des Coniferins – links oben – erkennbar; der untere Teil stellt das Glucose-Molekül dar.)

Der Autor dieses Berichtes war der Apotheker
Carl Herrmann *Wilhelm* KUBEL (1832-1903).

Über seine Ausbildung ist bekannt, dass er sie in Pharmazie ab 1850 am *Collegium Carolinum* (Vorgängerin der späteren Technischen Hochschule, heutigen Universität) in Braunschweig erhielt. 1855 setzte er sein Studium an der Universität Göttingen fort und promovierte 1860 über die *Anthranilsäure* zum Dr. phil. Seit 1857 war er auch im chemischen Laboratorium in Braunschweig als Assistent bzw. Hilfslehrer tätig. 1870 wechselte er nach Holzminden, wo er eine Apotheke übernahm.

Auf der Suche nach weiteren Informationen zu Wilhelm Kubel fand ich im Anzeigenblatt der *Apotheker-Zeitung* (No. 15. 1891) folgende Anzeige:

16

Zum 1. April d. J. suche ich einen wohlempfohlenen jüngeren Herrn für 2. Receptur und Handverkauf.
Holzminden.   *[584]*
        Dr. Kubel, *Apotheker.*

1844 suchte ein Apotheker namens Kubel *für die Filial-Apotheke* in Eschershausen einen *Gehülfen: ...wird ein guter braver erfahrner Apothekergehülfe gesucht...* (in Archiv der Pharmazie, eine Zeitschrift des Apotheker-Vereins in Norddeutschland)
Die Frage, ob es sich bei diesem Apotheker vielleicht um den Vater von Wilhelm Kubel gehandelt hat, ist noch zu klären.
Wilhelm Kubel hat die Apotheke am Markt (Nr. 5) in Holzminden geführt.

Die Stadt Eschershausen führt unter den „Söhnen und Töchtern der Stadt" (in Wikipedia) u.a. Ludwig KUBEL (1859-1940), als deutschen Schriftsteller mit dem offensichtlichen Geburtshaus „Apotheke am Markt„ an – ein später Bruder von Wilhelm Kubel?

Im Niedersächsischen Landesarchiv, Standort Wolfenbüttel, ist unter dem Titel „Apotheke in Holzminden: Konzessionierung des Dr. phil. Kübel, Laufzeit 1869-1899" eine Akte und eine weitere zur „Revision der Apotheke in Holzminden, Laufzeit 1750-1923" vorhanden. Das Stadtarchiv in Holzminden verfügt über keine Archivalien – weder zu dieser Apotheke noch zum Apotheker Dr. Kübel (Kubel).

Zu Wilhelm KUBEL gibt es auch einige Notizen in Zeitungen, die vom „Nieders. Landesarchiv-Staatsarchiv Wolfenbüttel" gesammelt wurden.

Im „Braunschweiger Tageblatt" vom 21.4.1877 verkündet der Apotheker Dr. Kubel seine Verlobung mit „Fräulein Auguste Lüders, ältester Tochter des Herrn Oberförster Lüders und Frau Adele Lüders, geb. Lüders, Schießhaus bei Stadtoldendorf (...), Holzminden, 18. April 1877"..

Am 2.4.1878 teilte Kubel im Braunschweiger Tageblatt (No. 78) die Geburt eines „gesunden Knaben" am 30. März 1878 mit.

Die Todesanzeige erschien am 15.12.1903 in der Braunschweigischen Landeszeitung (No. 585):

„Heute Nachmittag 4 ½ Uhr entschlief sanft nach langem schweren Leiden mein geliebter Mann, unser treuer Vater, der Besitzer der Apotheke zu Holzminden,

Dr. phil. Wilhelm Kubel.

Auguste Kubel, geb. Lüders. Wilhelm Kubel, Leutnant und Adjutant im Inf.-Reg. Nr. 16. Erich Kubel, Landwirt. Richard Kubel. Hedwig Kubel.

Die Beerdigung findet statt am Donnerstag, den 17. D. M., nachm. 2 ½ Uhr vom Trauerhause, Hasserode a. Harz, Eichberg 4a."

Und schließlich teilt die „Braunschweigische Landeszeitung 1903 No. 588 mit:

„Holzminden. Durch den am 13. d. M. in Hasserode erfolgten Tod ihres Besitzers Dr. Kubel ist die hiesige A p o t h e k e, die seit einigen Jahren durch Apotheker Notbohm verwaltet wurde, frei geworden. Sie zählt heute zu den bedeutendsten des Herzogtums und ist im Jahre 1710 begründet worden. Durch Abkommen vom 11. Januar gestatteten damals der

Fürstlich Braunschweig-Lüneburgische Gerichtsschultheiß, sowie Bürgermeister und Rat der Stadt Holzminden dem Burchard Rudolf Tiemann die Anlegung gegen einen Jahreszins von 12 Talern."

Im Ortsfamilienbuch von Holzminden (online vom 2.4.2017) ist Burchard Rudolf TIEMANN mit den Lebensdaten 1.11.1684-7.6.1743 als Apotheker verzeichnet.

3. Ferdinand TIEMANN, der „Riechstoff-Forscher" –
Ein *Lebensbild* vom Präsidenten der Deutschen chemischen Gesellschaft Otto N. Witt

Aus „Berichte der Deutschen Chemischen Gesellschaft" 34, 4403-4455 (1901):

Otto N. Witt (1853-1915, Studium am Polytechnikum Zürich, zunächst Industriechemiker (Farbstoffe), seit 1891 o. Prof. für Chemische Technologie an der Technischen Hochschule Charlottenburg in Berlin, 1906 Präsident der Deutschen Chemischen Gesellschaft):

Ferdinand Tiemann. Ein Lebensbild.
(…)

Unter den Gauen, welche in der Geschichte und in der Dichtung und Sage des deutschen Volkes eine hervorragende Stellung einnehmen, ist der Harz einer der wichtigsten. Aus den Wechselfällen einer mehr als tausendjährigen Geschichte sind tiefe Thäler und seine waldigen Höhen fast unverändert hervorgegangen. Das Wühlen der Menschen nach den metallischen Schätzen, die in seinen Schluchten verborgen liegen, hat weder den Reichthum des Landes erschöpfen, noch den Hauch der Ursprünglichkeit verwischen können, der über ihm ausgebreitet liegt. Pfeilgerade, wie vor tausend Jahren, steigen in den waldigen Abhängen der Berge rauschende Tannen zum Himmel empor, übermüthig, wie einst in grauer Urzeit, rieseln die wasserreichen Quellen und Bäche zu Thal, und über dem königlichen Haupte des Brockens lagert noch immer der Nebel, in welchem unsere Urahnen ihren Göttern näher zu sein glaubten.

In den Dörfern und Städtchen aber, welche sich an die grünen Abhänge und in die traulichen Thalmulden dieses eigenartigen Landes schmiegen, haust ein Volk, in dessen Wesen sich die Natur seiner Heimath widerspiegelt. Stark und doch mild, klug und doch kindlich, zäh und doch weitschauend – so haben wir mehr als einen Sohn des Harzes kennen gelernt, dessen das deutsche Volk gedenkt.

Ein solcher echter Sohn seiner Heimath war auch F e r d i n a n d T i e m a n n, dessen Leben und Wirken so eng mit der Geschichte der Deutschen chemischen Gesellschaft verknüpft ist. Früher, als es sonst meist im Menschenleben geschieht, ward seinem Schaffen ein Ende bereitet, aber er hatte die kurze Arbeitszeit, die ihm beschieden war, so eifrig ausgenutzt, dass er in der Stunde seines Todes auf ein reicheres Lebenswerk zurückblicken konnte, als mancher, dem das Schicksal eine weit grössere Zahl von Jahren zugestand.

Aus eigener Kraft und nach eigenem Plan hatte er sich sein Leben ausgebaut, aber als er von uns ging, nannte er alles sein eigen, womit die Welt das heisse Ringen ihres Besten lohnt: Der Lorbeer des Ruhmes, den Glanz des Reichthums, die heisse Liebe seiner Familie und die bedingungslose Hingabe treueste Freunde. Wie die Tannen seiner heimathlichen Wälder war er mit zäher Ausdauer emporgewachsen aus der Dämmerung enger Verhältnisse zum Lichte einer idealen Forscherexistenz; er hatte der Stürme des Lebens über sich hinwegbrausen lassen, ohne zu verzagen, und wenn dann die Sonne wieder hervorgebrochen war aus den fliegenden Wolken am Himmel seines Daseins, dann hatte er trotzig die Regentropfen von sich abgeschüttelt und zu ihr emporgeblickt mit lachenden Augen.

So war der Mann, dessen allzu frühen Hingang wir, die wir ihm im Leben nahe standen, beklagen. Das Denkmal, dessen er würdig ist, hat er sich selber gesetzt in seiner wissenschaftlichen Arbeit, welche auch kommende Geschlechter nicht vergessen werden. Aber die Deutsche chemische Gesellschaft verdankt ihm mehr als die Abhandlungen, welche er in solcher Fülle für ihre >Berichte< geliefert hat. Sein Leben war mit dem ihrigen verwachsen, und ein guter Theil seiner Thatkraft war ihrem Dienste gewidmet. Darum ziemt es sich, dass sie seiner in besonderer Liebe gedenke. Auf seinem frischen Grabe hat sie ein Gedenkblatt aus treuer Freundeshand[1] niedergelegt: Heute, wo die Rosen, die auf dem Grabe gepflanzt sind, wieder geblüht haben, will sie für die Nachwelt die Geschichte dieses Mannes verzeichnen, die ein Stück Geschichte ihrer eigenen Jugend ist.

---

[1] *Emil Fischer, Zur Erinnerung an Ferdinand Tiemann, Diese Berichte **32**, 3239 [1899]*

Merian-Stich von Rübeland bei Elbingerode

J o h a n n   K a r l   W i l h e l m   T i e m a n n wurde am 10. Juni 1848 zu Rübeland im Harz geboren. Seine Vorfahren waren, so weit die Geschichte der Familie sich zurückverfolgen lässt, meist Forst- und Hütten-Leute gewesen und hatten ihre Dienste dem Staate gewidmet. So hatte schon sein Grossvater eine Stellung als Beamter auf der dem Braunschweigischen Staate gehörigen Wilhelmshütte zu Seesen innegehabt, sein Vater, W i l l i a m   T i e m a n n, war daselbst aufgewachsen und hatte, als auch er den väterlichen Beruf wählte, schliesslich eine Anstellung auf der Hütte zu Rübeland erhalten, welche ihm die Möglichkeit gab, ein eigenes Heim zu gründen und sich mit A u g u s t e, der Tochter des wohlhabenden Kaufmanns und Stadtkämmerers F r i e s e zu Blankenburg zu vermählen. Dieser glücklichen, aber durch die zunehmende Kränklichkeit beider Ehegatten mitunter sorgenvollen Ehe entsprangen im Ganzen drei Kinder. Das älteste derselben, unser F e r d i n a n d, blieb der einzige Sohn. Ihm folgte, zwei Jahre später, eine Tochter, N a n n i, welche als unzertrennliche Gespielin des Bruders aufwuchs.

Ein weiteres Töchterchen, B e r t h a, wurde 1854 in Seesen geboren. Denn dort war auf der Wilhelmshütte 1852 dieselbe Stellung frei geworden, welche früher T i e m a n n's Großvater inne gehabt hatte; man hatte sie dem Vater übertragen, und in Folge dessen war die kleine Familie nach Seesen übergesiedelt. Eine prächtige Dienstwohnung im herzoglichen Jagdschlosse [gemeint ist das Fürstl. Amtshaus – s. Abb.], verbunden mit der unbeschränkten Nutzung des zugehörigen Gartens, gestattete der Familie eine trotz des bescheidenen Gehaltes des Vaters höchst behagliche Existenz. Die Kinder erfreuten sich einer goldenen Freiheit, welche nur um Geringes durch den allmählich nothwendig werdenden Besuch der Dorfschule einge-schränkt wurde. Später vervollständigten Privatstunden, welche der Schullehrer in den Nachmittagsstunden den beiden Wildfangen F e r d i n a n d und N a n n i ertheilte, die elementare Ausbildung.

Ausschnitt aus dem Merian-Kupferstich von 1654 – A: Fürstl. Amtshaus,
Sehusaburg (in dem die Fam. Tiemann wohnte)

Diese sonnige Existenz wurde in einer für alle Betheiligten wenig erfreulichen Weise unterbrochen, als im Jahre 1859 die Braunschweigische Staatsregierung das Anerbieten eine Actiengesellschaft annahm und die Wilhelmshütte an diese verkaufte. Damit erreichte die dortige Stellung des Hrn. W i l l i a m   T i e m a n n ein Ende. Obgleich es ihm freigestellt wurde, in eine höhere Stellung in Rübeland zurückzukehren, so zog er es doch mit Rücksicht auf die Erziehung seiner Kinder vor, nach Braunschweig zu ziehen, wo ihm, unter Belassung seines bisherigen Gehaltes, eine Beschäftigung im Finanzministerium zugewiesen wurde. Der bescheidene Betrag seines, kaum dreitausend Nark betragenden Jahreseinkommens liess das Unternehmen einer

Uebersiedelung nach der Residenz allerdings nur bei grösster Sparsamkeit ausführbar erscheinen, aber schlimmstenfalls konnte Hr. T i e m a n n auf die Hülfe seiner Schwiegermutter, der inzwischen verwitweten Frau Stadtkämmerer F r i e s e zu Blankenburg rechnen.

EXKURS: **Die WILHELMSHÜTTE in Bornum bei Seesen**
Sie befand sich nicht in Seesen sondern in Bornum bei Bockenem, das aber zum Amt Seesen gehörte. In der „Geographisch-statistischen Beschreibung der Fürstenthümer Wolfenbüttel und Blankenburg" (G. Hassel und K. Bege), 2. Band (Braunschweig 1803) ist unter *Bornum, etwa 2 ½ St. nördlich von Seesen und an der Hildesheimschen Grenze,* über die Wilhelmshütte zu lesen, dass sie 1728 *vom Hr. August Wilhelm angelegt ist, und aus der Faktorei, dem neuen Laboratorium, der eigentlichen Hütte, verschiednenen Schmiedewohnungen und einem vor ihr gegen O. auf einem Berge erbaueten große Gebäude für Hüttenarbeiter* bestanden habe.

Der Hochofen von 1783 (bis 1857 betrieben) der Wilhelmshütte in Bornum bei Seesen – heute Industriedenkmal

Mit *Hr. August Wilhelm* ist Herzog August Wilhelm zu Braunschweig-Wolfenbüttel (1662-1731) gemeint, der die Hütte 1727 (nicht 1728) gegründet haben soll. Am 23. Oktober 1727 fand der erste Eisenabstich statt. 1783 wurde ein neuer Hochofen errichtet, um 1803 wurde der verarbeitete Eisenstein (aus der Nähe in Ortshausen und Neuwallmoden gefördert) durch Pochwerke, Hochofen, Sandformerei, Frischfeuer, Hammerwerk und Schmiede behandelt. Die Weiterverarbeitung fand in Holzminden an der Weser statt. 1857 wurde der Hochofen aus Mangel an Eisenerz stillgelegt und die staatlich betriebene Hütte privatisiert. 1966 wurde die Wilhelmshütte geschlossen.

Diese alte Dame, welche in der ganzen Familie nur kurzweg die >Grossmutter< genannt wurde, muss eine originelle Persönlichkeit gewesen sein. Gross und kräftig, dabei von einer erstaunlichen Magerkeit, scheint sie bis in ihr hohes Alter eine ungewöhnliche Frische und Thatkraft bewahrt zu haben. Sie besass Gärten und Felder, welche sie theilweise zu verpachten pflegte. Ihre Einkünfte hielt sie sorgsam zusammen und setzte schüchternen Bitten ihrer Kinder und Enkel um kleine Unterstützungen nicht selten ein taubes Ohr entgegen. Dagegen liebte sie es, als rettender Engel in der Noth zu erscheinen, und war in solchen Fällen bereit, selbst grössere Summen zu opfern. Ihre Enkelkinder, welche sie über Alles liebte – für unseren F e r d i n a n d scheint sie eine besondere Schwäche besessen zu haben – kannten kein höheres Vergnügen als die gelegentlichen Einladungen zur Großmutter nach Blankenburg mit dem grössten Jubel Folge zu leisten.

27

Merianstich der „*Statt Blankenburg*" am Harz

Das waren goldene Tage, die unser junger Freund mit seinen treuen Schwesterchen in Blankenburg verlebte! Unbeengt durch Vorschriften irgend welcher Art durchstreifte er Wald und Flur und unternahm oft tagelange Ausflüge bis in die verborgensten Thäler des heimischen Harzes, den er immer besser kennen, immer schwärmerischer lieben lernte. Nicht selten mag er auf diesen Touren, deren genaue Marschrouten vergessen sind, einen Blick in die metallurgischen Betriebe des Harzes gethan und so das Interesse für chemische Arbeit gewonnen haben, ohne indessen zunächst den Entschluss zu fassen, sich solcher Thätigkeit zu widmen. Sein Sinn stand vielmehr darauf, recht bald über die Grenzen der Heimath hinaus zu kommen und die weite, weite Welt kennen zu lernen, die wie ein unbekanntes Zauberland vor ihm lag und von seiner Phantasie mit den seltsamsten Gestalten bevölkert wurde. Nicht selten sprachen die Geschwister von solchen Plänen, und als es dann geschah, dass N a n n i von einer Verwandten nach Dresden mitgenommen wurde, da war sie nicht wenig stolz darauf, dass sie nun dem grossen Ziele, die weite Welt zu sehen, schon um ein gut Stück näher gekommen war als der ältere Bruder.

In Braunschweig besuchte F e r d i n a n d das Realgymnasium. Der Vater wünschte, dass er sich dem Kaufmannsstande, für welchen er ausgesprochene Begabung zeigte, widmen sollte, und da dies dem Sohne das beste Mittel zu baldigen Verwirklichung seiner Reisepläne schien, so trat F e r d i n a n d als Lehrling in ein Droguengeschäft ein. Aber so nützlich sich ihm auch später die kaufmännischen Kenntnisse, die er sich hier aneignete, erwiesen, so machte ihm doch ihr Erwerb nicht das geringste Vergnügen, und immer häufiger bestürmte der den Vater mit der Bitte, ihm einen Wechsel seines Berufes zu gestatten und die Mittel zum Studium der Chemie und Pharmacie am Collegium Carolinium zu Braunschweig, der jetzigen technischen Hochchule daselbst, zu gewähren. Schliesslich scheint die Grossmutter eingelegt zu haben; so begann denn unser F e r d i n a n d im Jahre 1866 seine chemischen Studien, denen er von Anfang an mit grossem Eifer sich widmete.

EXKURS:
COLLEGIUM CAROLINUM in Braunschweig

1745 wurde auf Rat des Abtes J. F. W. Jerusalem (liberaler Theologe der Aufklärungszeit) das *Collegium Carolinum* als Ausbildungsstätte für technische, naturwissenschaftliche, merkantile Fächer, über Sprach- und Geisteswissenschaften bis zur Theologie und Medizin gegründet. Bis in die Mitte des 19. Jahrhundert war die Weiterentwicklung des Collegiums durch die stürmische Entwicklung in Technik und in den Naturwissenschaften bestimmt. Von 1862 bis 1877 wurde es als herzogliche polytechnische Schule geführt. 1877 erfolgte der Einzug in das noch heute bestehende Hauptgebäude in der Pockelsstraße und die Umwandlung in die Technische Hochschule Carolo-Wilhelmina – heute Technische Universität.

F r i e d r i c h K n a p p, der anregende und vielseitige Technologe, der noch ein Vierteljahrhundert später, als er schon hoch in den Achtzigen stand, mit jugendlichem Eifer sich für alle Fortschritte der chemischen Technik interessierte, scheint sich mit Wärme unserem T i e m a n n angenommen zu haben, ebenso O t t o, dessen Tod nach T i e m a n n's Scheiden von Braunschweig erfolgte. In jener Zeit mag unser Freund sich mit dem Gedanken getragen haben, sich der Pharmacie zu widmen, vielleicht veranlasst durch den Umstand, dass sein Onkel C a r l T i e m a n n, ein Stiefbruder seines Vaters, als Apotheker in Braunschweig zu ansehnlichem Wohlstand gelangt war. Sein um mehrere Jahre älterer

Studiencollege K u b e l, mit welchem er auch später noch dauernde Beziehungen unterhielt, verfolgte die gleichen Absichten. Das Apotheker-Examen wurde denn auch glücklich bestanden, auch das Militärdienstjahr absolvirt, und im Frühjahr 1869 stand die ganze Familie abermals vor der Frage, was nun geschehen solle?

Zu den Chemikerm KNAPP und OTTO

Friedrich KNAPP   Friedrich Julius OTTO

Friedrich KNAPP (1814-1904), in Michelstadt/Odenwald geboren, absolvierte eine Apothekenlehre in Darmstadt, bestand 1832 die Gehilfenprüfung und begann 1835 ein Chemistudium bei Justus LIEBIG in Gießen.. Nach einer Tätigkeit als Münzprüfer in Paris habilitierte er sich 1841 an der Universität Gießen, wurde dort Professor für Technologie und übernahm 1852 die technische Leitung der Nymphenburger Porzellanmanufaktur. Von 1854 bis 1863 war er auch Professor für technische Chemie an der Universität München. Von 1863 bis 1889 wirkte er als Professor für technische Chemie am Collegium Carolinum.

Friedrich Julius OTTO (1809-1870) absolvierte eine Apothekerlehre in Großenhain, studierte danach Pharmazie und Chemie in Jena, wo er 1831 (oder 1832) promovierte. Er war zunächst an der Landwirtschaftlichen Lehranstalt in Braunschweig tätig, bevor er 1835 als zunächst ao. Professor für Pharmazie, ab 1842 als o. Professor für Pharmazie, Pharmakognosie und technische Chemie am Collegium Carolinum tätig wurde.

Über Carl T i e m a n n (1818-1885), Apotheker der St.-Martini-Apotheke in Braunschweig, gibt es einen Nachruf mit folgendem Inhalt (aus „Lebensbeschreibungen Braunschweiger Naturforscher und Naturfreunde, verstorbener ehemaliger Mitglieder des Vereins für Naturwissenschaft in Braunschweig, Wilh. Blasius, 1887, S. 93-95:)

„Geboren zu Wilhelmshütte bei Bockenem am 4. August 1818 war er der Sohn des Oberfactors T i e m a n n daselbst, später zu Carlshütte. Er hatte viele Geschwister, mit denen zusammen er seine erste Ausbildung im Hause der Eltern durch einen Hauslehrer empfing. Später besuchte er das Gymnasium in Clausthal. Ursprünglich hatte er grosse Liebe zum Forstfache; er gab aber auf den Wunsch der Mutter diese Neigung auf, da schon zwei ältere Brüder von ihm das Forstfach ergriffen hatten, und offenbar zufällig und nicht in ihrem Berufe, verunglückt waren. Statt dessen entschloss er sich zur Apotheker-Laufbahn, lernte in der Rathsapotheke zu Hannover und war nach bestandenem Gehülfenexamen 2 ½

Jahre als Apothekergehülfe in Hildesheim. Nachdem er seit dem 3. Mai 1843 auf dem Collegium Carolinum in Braunschweig die Pharmacie studirt und das Staatsexamen absolvirt hatte, war er eine Reihe von Jahren in der Martini-Apotheke in Braunschweig bei Herrn V ö l k e r, dem Pächter derselben, hauptsächlich als Chemiker im Laboratorium thätig. Am 1. April 1850 übernahm er selbst pachtweise diese Apotheke von dem damaligen Besitzer, dem Gutsbesitzer G r a b e r g in Hedwigsburg, und verheirathete sich am 24. September desselben Jahres mit B e r t h a F r ö m l i n g. In dieser Ehe sind zwei jung verstorbene Söhne und drei Töchter geboren. Im Jahre 1865 erwarb T i e m a n n die Martini-Apotheke käuflich von dem Besitzer und legte in demselben Jahre den schönen Kurgarten mit den beiden Fontänen auf dem Monumentsplatze an. Gleichzeitig gründete er die Mineralwasserfabrik, die noch jetzt seinen Namen trägt. Leider hatte er bei Besichtigung seines neu angelegten Eiskellers am 6. Januar 1866 das Unglück, von dem Dache desselben herabzustürzen, wobei er einen Bruch des Schenkels und des Ellenbogenbeins erlitt. Ein langwieriges Krankenlager führt zwar zur Verheilung beider Knochenbrüche; allein das Armgelenk erhielt seine alte Beweglichkeit nicht wieder, und in dem Beine entstand eine Blutstockung, die ein schmerzhaftes Beinleiden verursachte, das den an ausgedehnteste Thätigkeit gewöhnten Mann zeitweise lahm legte und invalide machte. So sah er sich schon sehr bald gezwungen, seine Apotheke zu verpachten und sich persönlich von derselben zurückzuziehen. – Von Jugend auf hatte T i e - m a n n ein grosses Interesse für die Natur und ihre Vorgänge gezeigt, und dieses Interesse hat er später selbst bei seinen schweren Leiden nicht verloren. Die Freude an der ihn umgebenden Natur war oft der einzige Lichtblick in seinem schmerzensreichen Leben und hat nicht wenig dazu beigetragen, seinen Humor und Lebensmuth aufrecht zu halten. In früheren Jahren war T i e m a n n eifriger Käfersammler und hatte eine grosse Käfersammlung zusammengebracht. Diese Sammlung hat er beim Einweihungsfeste des Neubaues für das alte Gymnasium an der Breitenstrasse diesem Lehrinstitute geschenkt. Die Hauptliebhaberei T i e - m a n n's in der späteren Zeit war die Blumen-Zucht und − Pflege. Der ausgezeichnet gepflegte Garten an der Oker unter dem Windmühlenberge legt noch jetzt Zeugnis davon ab, wie viel er gerade hierin zu leisten verstand, und welchen feinen Geschmack er darin entwickelte.

Da er sich immer mehr und mehr wegen seines Leidens zur Unthätigkeit verurtheilt sah, entschloss er sich 1882 dazu, seine Apotheke zu verkaufen. Er starb am 7. Juli 1885, nachdem er, abgesehen von seinem älteren chronischen Leiden, nur kurze Zeit auf dem Krankenlager gelegen hatte. Die Leiche wurde auf dem Martinikirchhofe zur Ruhe bestattet.

T i e m a n n gehörte mit zu den Stiftern des Naturwissenschaftlichen Vereins und ist demselben bis zu seinem Lebensende, fast 23 Jahre hindurch, treu geblieben. Sein Andenken wird in hohen Ehren gehalten werden."

Fortsetzung Otto N. Witt:

Mit dem Apothekerthum scheint es unserem F e r d i - n a n d damals doch nicht recht ernst gewesen zu sein. Er trug sich mit höheren Plänen, und wir werden wohl nicht fehl gehen, wenn wir K n a p p als den geistigen Urheber derselben ansehen. Denn dieser stand als Schwager L i e b i g's in nahen Beziehungen zu A. W. H o f m a n n und scheint unseren

Freund darauf hingewiesen zu haben, welche Vortheile es für ihn haben würde, wenn es ihm gelänge, sich in die Anziehungssphäre dieses hellsten Sternes am damaligen chemischen Himmel zu versetzen.

1853   1887

August Wilhelm (von) HOFMANN

August Wilhelm (von) HOFMANN (1818-1892), in Gießen geboren, begann 1836 zunächst ein Jurastudium und wechselte zur Chemie, das er unter LIEBIG in Gießen absolvierte. 1843 promovierte er, ging 1845 an die Universität Bonn, wo er sich habilitierte und als Privatdozent, kurz vor seiner Berufung nach London als ao. Professor lehrte. In London errichtete und leitete er das College of Chemistry. 1864 kehrte er nach Deutschland zurück, zunächst als o. Professor nach Bonn, ab 1865 nach Berlin an dortige Universität. 1867 gründete er die Deutsche Chemische Gesellschaft. Seine umfangreichen Forschungen begannen mit

Anilin. Als Tiemann zu ihm kam, forschte er über Safranine, Naturfarbstoffe, deren Konstitution er aufklärte und für die er eine Synthese entwickelte.

So finden wir denn den jungen T i e m a n n fest entschlossen, seine chemischen Studien in Berlin fortzusetzen, ein Plan, der sich freilich nicht ohne neue, grosse pecuniäre Opfer realisiren liess. Wieder war es die Großmutter, welche in diesem Dilemma das entscheidende Wort sprach. In der That lässt es sich heute noch nachweisen, dass die treffliche alte Frau ihre Zusage gehalten und den Löwenantheil der Berliner Studienunkosten unseres Freundes bestritten hat. Als dieser in den letzten Tagen des April seine grosse Reise nach Berlin antraten, begleiten ihn nicht nur die Segenswünsche der Seinen, sondern er nahm auch noch eine Reihe von Empfeh- lungen mit, auf deren gute Wirkung die grössten Hoffnungen gesetzt wurden. Am wichtigsten war wohl ein warmer Brief K n a p p's an A. W. H o f m a n n, welcher, wie man weis, entscheidend für das ganze spätere Leben T i e m a n n's geworden ist. Dann hatte der Vater sich auch noch der Umstände erinnert, dass ein weitläufiger Verwandter T i e - m a n n's als Professor der Chemie in Berlin lebte. Es war dies der >Vetter< R a m m e l s b e r g, in dessen gastlichen Hause unser Freund namentlich in jüngerer Jahren vielfach verkehrte. Denn Frau M a t h i l d e R a m m e l s b e r g, die Tochter des grossen E h r e n b e r g, nahm sich des jungen Mannes mit Güte und Wohlwollen an und lud später sogar dessen Schwester N a n i als Gast zu sich in's Haus, wie es dem schwer vermissten Gefährten ihrer Schul- und Spiel-Tage in dem grossen Berlin erginge.

Karl Friedrich RAMMELSBERG (1813-1899) - >Vetter>
R a m m e l s b e r g – war der Sohn eines Berliner
Geschäftsmannes. Er hatte zunächst von 1828 bis 1832 eine
Apothekerlehre absolviert. 1833 begann er ein Studium der
Naturwissenschaften an der Berliner Universität und betrieb
zugleich ein eigenes kleines Laboratrium, in dem er Privat-
unterricht in Analytischer Chemie gab. 1837 promovierte er
und unterrichtete naturwissenschaftliche Fächer an einem
Berliner Gymnasium, bevor er sich 1839 in Chemie habilitierte.
1841 wurde er Privatdozent, 1846 ao. Professor für anorga-
nische Chemie, 1851 Lehrer für Chemie und Mineralogie an
der Königlichen Gewerbeschule (später TH Charlottenburg).
Von 1874 bis 1891 war er o. Professor für anorganische
Chemie und Direktor des 2. Chemischen Instituts der
Universität Berlin.

Christian Gottfried EHRENBERG (1795-1876) – *der grosse
E h r e n b e r g* – zählte in seiner Zeit zu den bekanntesten und
produktivsten Wissenschaftlern. Er war als Zoologe, Mikrobiologe, Ökologe und Geologe tätig, gilt als Begründer der

Mikropaläontologie und Mikrobiologe. 1829 begleitete er Alexander von Humboldt und Gustav Rose auf einer Expedition durch Russland bis zur chinesischen Grenze. Er war ab 1827 als ao. Professor und ab 1839 als o. Professor an der Friedrich-Wilhelms-Universität in Berlin tätig. Seine Tochter *Mathilde* wurde 1835 geboren.

Chemisches Laboratorium zu Berlin

Bis zur Berufung von A. W. HOFMANN befand sich das Chemische Laboratorium der Friedrich-Wilhelms-Universität (heute Humboldt-Universität) in der Dorotheenstraße in der Königlich-Preußischen Akademie der Wissenschaften. 1865 wurde dann mit dem Bau eines neuen I. Chemischen Instituts in der Georgenstraße 34-36 begonnen, das 1868 bezogen wurde. Es entstand ein äußerst repräsentativer Bau. Die Hauptfassade war durch vierzehn, in Terracotta ausgeführte Relief-Porträts berühmter Chemiker verziert. In diesem Gebäude betreute HOFMANN etwa 150 Doktoranden und es entstanden grundlegende Arbeiten zur präparativen organischen Chemie – von der Konstitutions-Aufklärung bis zur Synthese. Und hier begann auch *unserer Freund T i e m a n n* mit seinen wissenschaftlichen Arbeiten.

Die Fassade des I. Chemischen Instituts in der Georgenstraße 34-36 zu Berlin (aus: Albert Cremer, Das neue chemische Laboratorium der Universität zu Berlin, Berlin 1869)

Ansicht des Chemischen Laboratoriums in Berlin (aus: Friedrich Schödler, Das chemische Laboratorium unserer Zeit, *Westermanns illustrirte Monatshefte*, April 1875)

Grossartig wie H o f m a n n's eigene Leistungen als Forscher, war auch sein Einfluss als Lehrer. Niemand verstand es so wie er, seine Schüler mit sich fortzureissen und flammende Begeisterung für die Wissenschaft in ihnen zu wecken. Selbst oberflächliche Naturen konnten seinem Zauber nicht widerstehen, wie viel stärker und nachhaltiger musste er auf eine tief angelegte, nachdenkliche Individualität einwirken, wie unser F e r d i n a n d T i e m a n n es war!

Tag um Tag verging in emsiger Arbeit. Die Abende verbrachte T i e m a n n theils im Kreise der neuen Freunde, die er sich in Berlin erworben hatte, theils verwendete er sie zur Abfassung häufiger und langer Berichte in's Vaterhaus. Dieselben sind uns nicht erhalten geblieben, dagegen besitzen wir die ganze Reihenfolge der Antworten, welche der gütige Vater allwöchentlich an seinen Sohn zu richten pflegte und welche für das zwischen beiden herrschende Verhältniss überaus charakteristisch ist. Auch die zahlreichen Briefe der Mutter und der beiden Schwestern aus jener Zeit sind noch vorhanden.

T i e m a n n's Vater, W i l l l a m T I e m a n n, hat ohne Zweifel einen grossen Einfluss auf die Entwicklung des Charakters seines Sohnes ausgeübt. Er war ein milder und sanfter Mann, der im Verkehr mit seinen Kindern einen kameradschaftlichen Ton anschlug und sie mehr durch Argumente, als durch seine Autorität zum Guten anzuleiten suchte. In seinen Briefen fehlt es freilich nicht an Ermahnungen zur Tugend, wie sie wohl jeder Vater dem zum ersten Male fern vom Elternhaus weilenden Sohne angedeihen zu lassen pflegt; diese Ermahnungen aber werden fast immer durch logische Schlussfolgerungen begründet und durch allerlei Schilderungen häuslicher Ereignisse versüsst. Von seinen eigenen anspruchslosen Liebhabereien hat der kränkliche, alte

40

Herr die Gärtnerei, der er während seiner Seesener Zeit mit Begeisterung huldigte, bei Seite legen müssen, seit ihm der eigene Garten fehlt. Desto lieber erzählt er davon, wenn es ihm gelungen ist, mit alten Freunden einen Abend in musikalischer Unterhaltung zu verbringen. Auch darauf ist er bedacht, dem emporstrebenden Sohne gute Beispiele vor Augen zu stellen, denen er in seinem späteren Leben nacheifern soll. Besonders häufig figurirt als solches ein Herr K u n t z e, der sich als Chemiker einer Zuckerfabrik in Folge seiner >vollständigen Durchdringung des Zuckersiedergewerbes ein Einkommen von 3000 Thalern, die Tantièmen ungerechnet< verdiente. Es macht rührend-komischen Eindruck, dieses Ideal, welches sich der für die Zukunft seines Sohnes besorgte Vater zurecht gemacht hatte, mit demjenigen zu vergleichen, welches dem Sohne in der Person seines geliebten Lehrers A.W. H o f m a n n täglich vor Augen stand.

Im Januar 1870, einige Tage, nachdem F e r d i n a n d seinen ersten Vortrag vor der Chemischen Gesellschaft gehalten hatte, erhielt er einen rührenden Glückwunschbrief von dem guten Vater; wenige Wochen später, im März, stand er an seinem Todtenbette. Oft hat er im späteren Leben den nachhaltigen Einfluss anerkannt, den die milden Lehren seines Vaters auf ihn ausgeübt haben. Kurze Zeit nach dem Vater starb auch die gute, alte Grossmutter in Blankenburg, wohin nunmehr T i e m a n ns Mutter und Schwestern übersiedelten.

Ueber das Verhältnis T i e m a n n's zu seiner Mutter und seinen Schwestern giebt uns die aus den Tagen seiner Berliner Jugendzeit erhaltene, überaus lebhafte Correspondenz willkommene Kunde. Die zu einer trüben Lebensauffassung neigende, um die Zukunft ihres Sohnes ängstlich besorgte Mutter ergeht sich oft in Befürchtungen aller Art. Da sie erst im Jahre 1877 verstarb, so ist es ihr vergönnt gewesen, die

41

Grundlosigkeit ihrer Sorgen zu erkennen und ihre sämmtlichen Kinder wohlversorgt und glücklich zu sehen. F e r d i n a n d's jüngste Schwester B e r t h a, welche später die Gattin A. W. H o f m a n n's wurde, war zu der Zeit, als ihr Bruder das elterliche Haus verliess, noch ein Kind von 15 Jahren und wurde um die gleiche Zeit zu einer Tante in Wetzlar auf längeren Besuch geschickt. In ihren Briefen aus jener Zeit kommt die schwesterliche Liebe, aber auch der Respekt vor dem grossen Bruder zum Ausdruck. Am lebhaftesten war um jene Zeit die Correspondenz mit der um kaum zwei Jahre jüngeren N a n n i, der späteren Gattin E u g e n S e l l's, welche von ihrer frühesten Jugend an die Gespielin ihres Bruders gewesen war und deren übermüthige Briefe dem Bruder willkommene Kenntniss von allen kleinen Ereignissen im Elternhaus und in dem zu Braunschweig zurückgelassenen Freundeskreis geben. Das Studium dieser vergilbten Blätter hat den Verfasser dieser Lebensskizze so vollständig in die Atmosphäre des bescheidenen Bürgerhauses in einer kleineren deutschen Residenz versetzt, in welchem unser Freund aufwuchs, dass er nur ungern der Versuchung widersteht, länger in diesem Hause zu verweilen und mit behaglicher Kleinmalerei die Verhältnisse zu schildern, in denen der Charakter F e r d i n a n d T i e m a n n's sich entwickelte und ausreifte. Aber wenn auch die gebotene Kürze uns zwingt, auf solche Einzelheiten zu verzichten, so wird es um so mehr die Pflicht des gewissenhaften Chronisten, den Charakter seines Helden, so wie er schliesslich zur Geltung kam, mit aller Sorgfalt zu schildern. Denn erst aus dem Verständnis seines Charakters ergiebt sich die gerechte Würdigung der Leistungen des Mannes.

[Erläuterungen zu den familiären Angaben:
August Wilhelm *Hofmann* war in erster Ehe seit 1846 mit Helene *Moldenhauer* (1823-1852), Tochter eines Fabrikanten und Chemikers aus Bingen, verheiratet. 1856 heiratete er in zweiter Ehe Rosamond Margaret Jane *Wilson* (1838-1860) in London, in dritter Ehe in Aschaffenburg Elise Babetta *Moldenhauer* (1845-1871) und zuletzt die Schwester *Tiemann's*, Auguste Wilhelmine Berta *Tiemann* (1854-1922) in Blankenburg.

Eugen SELL (1842-1896) wurde in Bonn als Sohn des Rechtsprofessors Karl Sell geboren, studierte in Bonn Naturwissenschaften und Mathematik, setzte 1861 sein Studium in London am Royal College of Chemistry bei A. W. Hofmann fort und promovierte 1863 in Bonn. Nach weiteren Studien u.a. bei Bunsen in Heidelberg und in Paris wurde er 1865 Assistent am Chemischen Institut der Friedrich-Wilhelms-Universität in Berlin, 1869 Privatdozent und 1875 ao. Professor. Er lehrte ab 1879 auch an der Technischen Hochschule Analytische Chemie. 1876 wurde er an das Kaiserliche Gesundheitsamt berufen, wo er das chemische Laboratorium leitete.]

Eugen SELL (1842-1896)

Der Charakter eines jeglichen Menschen geht hervor aus der gemeinsamen Wirkung ererbter und angeborener Eigenthümlichkeiten, der genossenen Erziehung und äusseren Umstände. Die Einflüsse dieser verschiedenen Faktoren können wir deutlich erkennen, wenn wir uns in das Leben F e r d i - n a n d   T i e m a n n's versenken und uns dann das Wesen des Mannes in's Gedächtnis zurückrufen, wie wir ihn gekannt haben.

Ein stilles, in ländlicher Einsamkeit aufwachsendes Kind, war unser   F e r d i n a n d   von Hause aus zum Nachdenken über allerlei Probleme geneigt. Der ebenfalls philosophisch veranlagte und namentlich in späteren Jahren wenig beschäftigte Vater sorgte dafür, dass der Sohn in seinem Sinnen auf der sicheren Bahn einer correcten Logik verblieb. So entwickelte sich in ihm die Liebe und die Befähigung zur Lösung theoretischer Probleme, die ihm später oft genug zu Statten kommen sollte. Besser als viele Menschen verstand es   T i e - m a n n, sich von der Aussenwelt abzuschliessen und in tiefer Innerlichkeit im Kreise seiner eigenen Gedanken zu leben. In solchen Momenten machte er auf seine Umgebung den Eindruck grosser Zerstreutheit. Zahlreiche, im Kreise seiner Freunde noch unvergessene, drollige Ereignisse geben von dieser Zerstreutheit Kunde, welche nichts weniger als Zerfahrenheit war. Bei einem Diner konnte er seine Tischdame mit der Darlegung der verwickelsten chemischen Frage unterhalten, ohne sich durch irgend eine Einrede von seinem Thema abbringen zu lassen. Bei einem Besuche der Pariser Oper, den er in Gesellschaft eines seiner Mitarbeiter unternahm, erstaunte er diesen, der in höchstem Entzücken der vollendete Gesangskunst eines   F a u r e   lauschte, durch den plötzlich zugeflüsterten Rath: >Wir wollen ihm einmal mit Phenylhydrazin zu Leibe gehen!<, wobei er, obgleich er ein grosser

Freund der Musik war, ganz vergessen hattem wo er sich befand und natürliche nicht an F a u r e, sondern an irgend ein Aldehyd dachte.

[Jean-Baptiste FAURE (1830-1914), französischer Opernsänger Bass, auch Komponist von Liedern]

Dieser Hang zum Nachdenken, der ihn innerlich mehr erleben und von der Aussenwelt wenigen sehen liess, als es bei den meisten Menschen der Fall ist, war auch die Ursache, dass er der Aussenwelt, wenn er mit ihr in Berührung kommen musste, oft fremd, ablehnend und fast scheu gegenüber stand. Wohl hatte er lang genug in der grossen Welt gelebt, um sich die Formen eines Weltmannes anzueignen und sein Leben so einzurichten, wie es einem Manne von seiner Stellung zukam. Aber im Herzen blieb er der Welt doch immer fremd und war geneigt, strenger über sie zu urtheilen als sie es eigentlich verdiente. An diejenigen Repräsentanten dieser Aussenwelt, mit welchen das Leben ihn in engere Berührung brachte, musste er sich langsam gewöhnen, er musste sie gewissermassen erst gedanklich verdauen, ehe er ihnen wirklich näher trat. Aber wenn dies geschah, dann gab er sich ihnen ganz und ohne jeglichen Rückhalt zu eigen. Wer ihn näher kannte, verehrte in ihm den treuesten der Freunde, dessen Anhänglichkeit, Hingebung und Opferwilligkeit keine Grenzen kannte. So kommt es, dass nicht allzuviele unseren F e r d i n a n d T i e m a n n so gekannt haben, wie er wirklich war, aber diese kleine Schaar von Auserwählten ist ihm zeitlebens von ganzem Herzen gut gewesen.

(...)

Es erscheint fast überflüssig zu erwähnen, dass der ausgesprochenste Charakterzug einer derartigen, mit einem Hang zur Innerlichkeit und zu zäher Ausdauer veranlagten Natur die Treue war. Treu, wie seiner Familie, war T i e m a n n auch den Verhältnissen, in welche er sich einmal hineingelebt hatte. Gewiss war nicht nur die Macht der Verhältnisse die Ursache, dass dasselbe Laboratorium, in welchem T i e m a n n seine wissenschaftliche Schulung empfangen hatte, auch der Schauplatz seiner Thätigkeit bis an sein Lebensende geblieben ist. Die Deutsche chemische Gesellschaft, der er die ersten Früchte seiner wissenschaftlichen Arbeit darbrachte, blieb die Empfängerin seines ganzen Lebenswerkes, und er hat niemals eine Abhandlung in einem anderen Journal publicirt als in den >Berichten<. Die Ziele und Bestrebungen dieser Gesellschaft machte er zu den seinigen, und nächst A. W. H o f m a n n, dem Gründer unserer Gesellschaft, hat F e r d i n a n d T i e m a n n ihr die umfassendsten und aufopferungsvollsten Dienste geleistet, indem er vierundzwanzig Jahre als Schriftführer und fünfzehn Jahre als Redacteur der >Berichte< ihrem Vorstande angehörte. Bei jeder neuen Aufgabe, welche an die stetig wachsende Gesellschaft herantrat, konnte man auf die Bereitwilligkeit T i e m a n n's, den Löwentheil der Arbeit zu übernehmen, mit Bestimmtheit rechnen. Wir haben sein Fehlen in unserem Kreise in den letzten Jahren oft empfunden, und wir werden in Zukunft nicht selten seine Mitarbeit mit Schmerzen entbehren.

Als junger Bursche war F e r d i n a n d T i e m a n nach Berlin gekommen, und hier hatte er sich auf immer heimisch gemacht. Und doch war er weniger als mancher andere, den die wachsende Weltstadt in ihre Kreise bannte, zum Berliner geworden. Ein Stück seines Herzens war doch in den ernsten Fichtenwäldern seiner Heimath geblieben, in welche er oft und gerne zurückkehrte. Mit Vergnügen gedenkt der Schreiber dieser Zeilen einiger Sommertage, welche er mit dem dahingegangenen Freunde und bei Holzminden verlebte. Ein sonniger Frohsinn, eine behagliche Ungebundenheit schien über ihn zu kommen; er kannte jede Blume, der wir auf unseren Wanderungen durch die Wälder begegneten. Alte Reminiscenzen aus der Jugend wurden wach, und mit einer ihm sonst nicht eigenen Lebhaftigkeit erzählte er allerlei Schnurren und Abenteuer aus längst vergangenen Tagen. Es war, als söge er neues Leben aus der mütterlichen Erde der lang entbehrten Heimath.

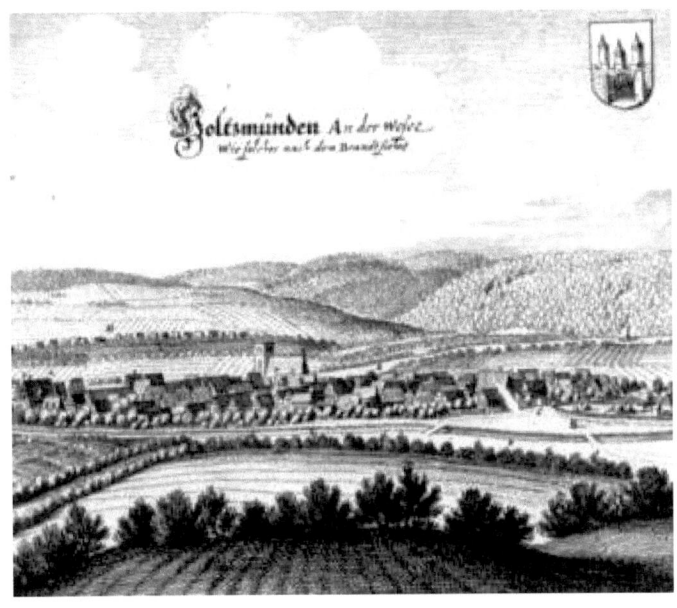

Stadt Holzminden und Umgebung an der Weser –
Merianstich aus der Topographia Germania (Ausschnitt)

In Berlin bewohnte *T i e m a n n* lange Zeit hindurch eine aus zwei etwas düsteren Zimmern bestehende Assistentenwohnung im *H o f m a n n*'schen Laboratorium. Erst als er sich verheirathete, wurde diese Wohnung der chemischen Gesellschaft als Bibliothek und Secretariat überwiesen. In dem Maasse, wie sich *T i e m a n n*'s äussere Verhältnisse günstiger gestalteten, entwickelte sich bei ihm eine Vorliebe für künstlerischen Lebensschmuck, welche ihn befähigte, gemeinsam mit seiner kunstsinnigen Gattin sein Heim überaus behaglich auszugestalten und eine weitgehende Gastfreundschaft zu pflegen. Aber seine vollste Lebensfreude fand er doch im Sommer in seinem Landhause am Wannsee, zu dessen Erwerbung der Wunsch Veranlassung gegeben hatte, einem daselbst lebenden, von einem schweren Schicksalsschlage getroffenen alten Freunde nahe zu sein. Aber als unser Freund erst einmal die Wipfel seiner eigenen Bäume über sich rauschen hörte, da erwachten in ihm die alten Erinnerungen aus den Kindertagen. Der anfangs nur kleine Grundbesitz wurde allmälich vergrössert, die bescheidene Villa wurde zum stattlichen Landhause ausgebaut, der Garten prangte jeden Sommer in reicherem Blumenschmucke, und immer grösser wurde die Zahl derer, welche mit Vergnügen des gastlichen Empfanges gedachten, der ihnen dort zu Theil geworden war. In unserem *T i e m a n n* erwachte auf's Neue der alte Hang, allein durch die Wälder zu schweifen, den er als Kind schon an den Tag gelegt hatte. Am frühen Morgen liess er sich sein Pferd satteln und trabte hinaus in den rauschenden Wald , allein mit seinen Gedanken. Erst später pflegte er sich auf diesen Ritten, bei denen er mit Vorliebe die gebahnten Wege vermied, von seinem Sohne, an Sonntagen wohl auch von einem seiner Assistenten begleiten zu lassen.

T i e m a n n's Leben war im Grossen und Ganzen nicht reich an bemerkenswerthen Ereignissen. Sein Leben war seine Arbeit, und diese bannte ihn in's Laboratorium und an den Schreibtisch. Nach einer hervorragenden amtlichen Stellung hat er nie gestrebt, ja er ist jedem Anerbieten einer solchen aus dem Wege gegangen. So lange A. W. H o f m a n n lebte, blieb er dessen Assistent, und nach H o f m a n n's Tode verwaltete er das Laboratorium bis zur Ernennung seines Nachfolgers. Vom ausserordentlichen Professor rückte er zum ordentlichen Honorar-Professor auf und erhielt schließlich den Charakter als Geheimer Regierungsrath. Bei dem Neubau des Ersten Chemischen Instituts der Universität waren auch für ihn passende Laboratoriumsräumlichkeiten vorgesehen. Die Gewöhnung an diese neue Stätte seiner Arbeit ist ihm erspart geblieben, er hat den Umzug des Laboratoriums nicht mehr erlebt!

Gerade weil T i e m a n n's Leben mit seiner Arbeit so innig verwachsen war, ist es nicht möglich, beide von einander zu trennen. Es ist immer schwierig, das Lebenswerk eines Forschers gesondert von seinen Schicksalen zu schildern; bei T i e m a n n wird es fast zur Unmöglichkeit. Es sei daher dem Verfasser dieses Lebensbildes gestattet, zu demjenigen Abschnitt im Leben des jungen Forschers zurückzukehren, bei welchem wir angelangt waren, als wir es unternahmen, seinen Charakter und seine geistige Eigenart zu schildern, an dem Momente, in welchem seine Lehrjahre abgeschlossen sind und seine selbstständige wissenschaftlichen Thätigkeit beginnt. Diese wird nun zum Hauptgegenstande unserer Darstellung werden, und indem wir versuchen zu erkennen, wie der seinem ganzen Wesen nach zum Forscher veranlagte Mann sich immer höhere und höhere Ziele steckt, werden wir auch seiner äusseren Schicksale gedenken können, welche mehr oder weniger unmittelbar aus seinem Schaffen hervorwachsen.

[Im den nun folgenden Auszügen aus dem *Lebensbild* von Otto N. WITT beschränke ich mich – nach dem Text zur ersten wissenschaftlichen Veröffentlichung von TIEMANN – auf diejenigen Arbeiten, die im Zusammenhang mit dem *Vanillin* stehen. G.S.]

Am 10. Januar des Jahres 1870, des Jahres, welches in seinem weiteren Verlauf so grossartige, folgenschwere Ereignisse zeitigen sollte, hielt T i e m a n n vor der Deutschen chemischen Gesellschaft den ersten Vortrag über Ergebnisse seiner eigenen wissenschaftlichen Arbeit. So gross auch der Eifer gewesen sein mag, mit welchem er sich der Forscherthätigkeit hingab, nach der seine Seele seit Jahren gelechzt hatte, so steht er doch in seinem wissenschaftlichen Denken noch ganz unter dem Banne des grossen Meisters, an dessen Hand er die Hallen der Wissenschaft zuerst betreten hatte. (...)

[Der Text des Vortrages erschien im 3. Band der „Chemischen Berichte" unter dem Titel: *Neue Guandin-Abkömmlinge* – es folgten weitere Arbeiten, u.a. zum Trinitrobenzol.]

Die Ernennung zum Vorlesungsassistenten war die Anerkennung, welche A. W. H o f m a n n dem von dem jungen Forscher an den Tag gelegten Eifer zu Theil werden liess. Diese beschleunigte nach Kräften seine im Beginn des Semesters zu Göttingen eingeleitete Promotion. Die von ihm eingereichte Dissertation führte den Titel: >Noch ein Beitrag zur Abkömmlingen des Toluols und des Guanidins< und enthält eine Zusammenstellung der oben genannten Arbeiten. Dass der Aus-

*fall des gegen Ende Mai abgelegten Examens ein guter war,
ergiebt sich aus noch vorhandenen Glückwunschschreiben.
Dass T i e m a n n's Vater die Freude, seinen Sohn am Ziel
seiner Wünsche angelangt zu sehen, nicht mehr erleben sollte,
ist bereits erwähnt worden.*

*Im Besitze seiner neu erworbenen Doctorwürde und
eines Amtes, welches ihm im regen Verkehr mit dem geliebten
Meister weitgehende Gelegenheit zu wissenschaftlicher Arbeit
gewähr-leistete, sah T i e m a n n freudig dem kommenden
Wintersemester entgegen. Aber schon zogen sich am
politischen Himmel jener Tage düstere Wolken als Vorboten
der furchtbaren Kriegsstürme zusammen, welche die ganze
Welt erschüttern und die Geschicke des Deutschen Volkes in
neue Bahnen lenken sollten.*

*Von den Wirkungen der Kriegserklärung und der auf sie
folgenden Ereignisse kann man sich heute keine rechte
Vorstellung mehr machen. Selber diejenigen, welche sich jener
Zeit noch erinnern, haben sich längst gewöhnt, ihrer im Lichte
der nach-folgenden glorreichen Siege und der Wohlthaten zu
gedenken, die aus ihr hervorwuchsen. Aber im Juli 1870 sah
man dem ausbrechenden Kriege mit sehr gemischten Gefühlen
entgegen: Bange Sorge, wie wohl die nächste Zukunft sich
gestalten würde, mischte sich mit flammender Begeisterung,
mit der Bereitwilligkeit, jegliches Privatinteresse zurück-
zustellen und alle Kräfte dem Dienste des Vaterlandes zu
weihen.*

*Selbst auf den ausschliesslich der Pflege der Wissen-
schaften gewidmeten Seiten unserer aus jenen Tagen stammenden >Berichte< liegt ein Abglanz solcher Empfindungen.
Das zweite Juliheft des Jahres 1870 ist angefüllt mit den
Schilderungen unfertiger oder fragmentarischer Arbeiten,
welche ihre Urheber glaubten in Sicherheit bringen zu müssen,*

ehe der Gang der politischen Ereignisse ihnen vielleicht die Möglichkeit dazu benehmen könnte. Und in den später folgenden Heften, deren Umfang ein auffallend geringer ist, finden wir Berathungen über Maasnahmen zur Desinfection von Lazarethen u. s. w., welche uns beweisen, dass auch die chemische Gesellschaft bestrebt war, das ihre zu thun, um die Schrecken des Krieges zu mildern. Von den jungen Forschern, die noch vor Kurzem so eifrig Material zur Füllung der Spalten der Beichte zusammengetragen hatten, sind nicht wenig verstummt. Ihr wissenschaftliches Werkzeug ruht unbenutzt, und sie selbst stehen mit dem Schwerte in der Hand im Felde, um für die Ehre des Vaterlandes zu kämpfen.

Zu diesen Letzteren gehörte unser T i e m a n n, der beim Ausbruch des Krieges als Vice-Feldwebel mit dem Braunschweigischen Infanterie-Regiment, welchem er angehörte, in's Feld gezogen war. Er machte die Belagerung von Metz mit und erwarb sich im Kriege die Officiers-Epauletten. Verwundungen blieben ihm erspart, aber die Strapazen des Krieges machten sich in einem Anfalle von Gelenk-Rheumatismus geltend, der ihn noch im Felde überfiel. Während des ganzen Frühjahres 1871, als der Krieg schon beendet war und die Truppen zurückzukehren begannen, lag unser Freund im Lazareth zu Blois, und erst im Mai konnte er nach Berlin zurückkehren, um daselbst sofort seine Thätigkeit als Assistent im H o f m a n n'schen Laboratorium wieder aufzunehmen. Er schien völlig wieder hergestellt zu sein, erst viel später, als sich bei ihm die Anfänge eines Herzübels zeigten, tauchte auch der Verdacht auf, dass der Keim zu demselben von der tückischen Krankheit zurückgelassen worden sei, welche ihn im Feindesland überfallen hatte.

T i e m a n n selbst pflegte in späteren Jahren mit einem gewissen Behagen seiner Erlebnisse in der Kriegszeit zu gedenken und im Freundeskreise Episoden aus derselben zum Besten zu geben. Es erschien ihm als eine sonderbare Fügung, dass das Land, welches er zuerst als Feind und Krieger betreten hatte, ihm später zur Stätte froher Lebensgenossen, treuer Freundschaften und grosser Erfolge werden sollte. Uebrigens hat er schon während seiner Kriegszeit Gelegenheit gehabt, den vortrefflichen Charakters des französischen Volkes kennen und schätzen zu lernen; denn er wurde, da er recht geläufig französisch sprach, von seinen Vorgesetzten gerne als Vermittler bei allerlei Verhandlungen mit den Bewohnern der occupriten Ortschaften verwendet. Die Sprachstudien, welche er schon als Gymnasiast gemeinsam mit seinem Freunde R. Koch getrieben hatte, kamen ihm hier zum ersten Male in erfreulicher Weise zu Statten.

Die Feldpostbriefe, welche T i e m a n n von seinen Verwandten und Freunden erhielt, hat er pietätvoll aufbewahrt. Sie geben uns einen interessanten Einblick in das Leben jener Zeit und den Charakter ihrer Verfasser. Selbst die besorgte Mutter, welche stets von bangen Befürchtungen erfüllt ist, versteigt sich doch mitunter zu Ausbrüchen flammender patriotischer Begeisterung.

Nach der Rückkehr aus dem Kriege nahm unser Freund mit seiner Stellung als Assistent auch seine wissenschaftliche Thätigkeit wieder auf. Aber der Faden des Gedankenganges, welcher seinen Erstlingsarbeiten zu Grunde gelegen hatte, war zerrissen. Der Reifeprocess, der sich in jedem jungen Forschen einzustellen pflegte, wenn die Tage des rastlosen Studiums, des Hastens nach den ersten academischen Ehren und des Strebens nach einer selbstständigen Bethätigung der erworbenen Fähigkeit vorüber sind, war durch die kurze kriegerische Laufbahn unseres Freundes nicht unterbrochen, sondern eher noch beschleunigt worden. Die grossen Ereignisse, deren

Zeuge er gewesen war, nachdenkliche Stunden am Lagerfeuer und auf dem Krankenbette, der Anblick menschlicher Leiden und die Bekanntschaft mit dem Tode hatten es bewirkt, dass er ernster zurückkehrte, als er gegangen war. Der billige Ruhm leichter Analogiearbeiten hatte nichts Verlockendes mehr für ihn. Er widmete sich in erster Linie seiner Lehrtätigkeit als Assisten und verwandte die freie Zeit, welche ihm zu Gebote stand, zur Ausfüllung von Lücken, welche ihm in seinem Studium geblieben waren, und die er nun zu empfinden begann.

So kommt es, dass T i e m a n n's Name während der Jahre 1871 und 1872 in der chemischen Litteratur nicht genannt wird. Erst 1873 begegnen wir ihm wieder, aber in Verbindung mit Gegenständen, welche uns beweisen, dass es ihm nunmehr lediglich um den Ausbau seines eigenen Könnens zu thun ist. Es sind ausschließlich analytische Arbeiten, welchen er sich hingiebt und zu denen er die erste Anregung, seinen eigenen Mittheilungen zufolge, von seinem Braun-schweigischen Studiengenossen K u b e l empfangen hat.

Die Frage nach der Bestimmung der Zusammensetzung und den Werthen der Brauch- und Trink-Wässer, welche schon in den fünfziger Jahren namentlich von den französischen Chemiker ventilirt worden war, war in den siebziger Jahren wieder brennend geworden. Die Regulirung der Londoner Wasserversorgung, an welcher die englischen Chemiker F r a n k l a n d, T i d y, A r m s t r o n g, W a n k l y und Andere auf das Eifrigste mitarbeiteten, hatte vielleicht den ersten Anstoss dazu gegeben; das rapide Wachsthum der continentalen Städte erweckte auch bei uns das Interesse für dies Frage. K u b e l, welcher sich mit Wasseranalysen beschäftigt und eine Anleitung zur Ausführung derselben in Form einer Broschure herausgegeben hatte, sah sich genöthigt, eine neue Ausgabe dieser Arbeit zu veranstalten, welcher er tieferen wissen-schaftlichen Gehalt zu geben wünschte. Er forderte T i e m a n n zur Mitarbeit auf, und dieser machte sich mit der charakteristischen Gründlichkeit, die er später noch so oft bewiesen hat, an's Werk. Als Unterrichtsassistent H o f m a n n's in der analytischen Abtheilung des Laboratoriums fand er unter den ihm zuge-wiesenen Practicanten zahlreiche Hülfskräfte, von welchen unterstützt er die gesammte Wasseranalyse kritisch durch-arbeitete. Das Resultat dieser Untersuchungen wurde bei der gemeinsamen Abfassung der 1874 erschienenen zweiten Auflage der K u b e l'schen Anleitung zur Wasseranalyse verwerthet, ausserdem aber auch noch, soweit es sich um neue Beobachtungen oder Verbesserungen älterer Methoden handelt, in drei, in den >Berichten< des Jahres 1873 veröffent-lichten Abhandlungen niedergelegt. Es sind hauptsächlich Methoden der Härtebestimmung, der Bestimmung der Schwefelsäure, salpetrigen Säure und Salpetersäure, des Schwefelwasserstoffs, Ammoniaks und der organischen Sub-stanzen im Wasser, welche einer Sichtung und kritischen Durcharbeitung unterzogen werden.

EXKURS –
Tiemann und der Stand der Wasseranalytik in England

Der Chemiehistoriker William H. *Brock* berichtet in seinem Werk *„Viewegs Geschichte der Chemie"* (1997), dass nach der Rückkehr von *Hofmann* nach Deutschland 1865 in Großbritannien Edward *Frankland* (1825-1899) und Henri Edward *Armstrong* (1848-1937) zu den Wegbereitern des

Chemieunterrichts wurden. Über *Armstrong* erfahren wir, dass er eine sehr praktisch orientierte Ausbildung am Royal College of Chemistry erhalten hatte und dass seine erste Forschungsarbeit, eine verbesserte Methode zur Wasseranalytik, unter *Frankland* vorgelegt hatte. *Frankland* hatte nach einer Ausbildung in England in Marburg 1849 promoviert und war nach Professorenstellen in Manchester und London 1865 Professor der Chemie am Royal College of Chemistry geworden. Von 1868 bis 1874 war er auch Regierungskommissar für die Untersuchung der Flussverunreinigungen. *Armstrong* hatte 1869 in Leipzig promoviert und wirkte zunächst als Dozent an der Medical School des St. Bartolomew's Hospital. W. H. Brock berichtet, dass *Armstrong* Ende 1870 Nachfolger von Franklands großem Rivalen in der Wasseranalyse, (James) Alfred Wanklyn (1834-1906), an der London Institution geworden sei. Die hier genannten Chemiker werden von W. H. Brock in seinem Kapitel „11 Der Chemieunterricht" vorgestellt.

Diese Gruppe von Chemikern, deren Ausbildung vorwiegend in den chemischen Laboratorien Deutschlands vollendet worden war, war nur zum Teil als Wasseranalytiker tätig (ihre Forschungsschwerpunkte lagen in der organischen Chemie) – im Gegensatz zum Carl Remigius *Fresenius* (1818-1897) in Wiesbaden. Das Buch „Water-Analysis" von James Alfred *Wanklyn* erschien in London noch 1907 in der 11. Auflage und war dort ebenso erfolgreich wie die Lehrbücher von *Fresenius*.

Professor J. ALFRED WANKLYN

Im Vorwort zur zweiten Auflage schrieb TIEMANN u.a.:
„Das kleine Buch hat eine Reihe von Jahren im Buchhandel
gefehlt."

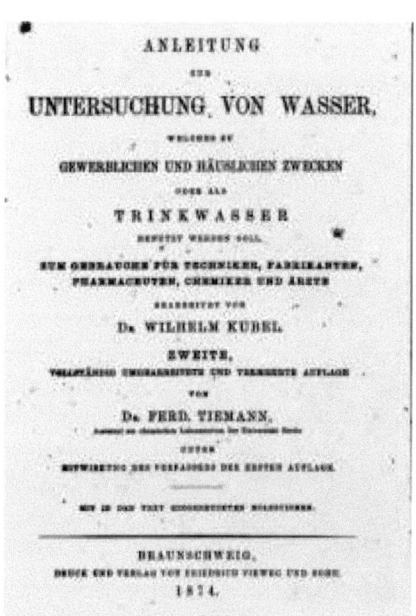

Bei solcher Vertiefung in seine Arbeit blieb unserem Freunde in jenen Tagen wenig freie Zeit. Diese verbrachte er fast ausschliesslich im Verkehr mit einigen wenigen intimen Freunden, die ihm auch in seinem ganzen späteren Leben treu geblieben sind und deren namentliche Anführung hier nicht vergessen werden darf. Vor allem ist hier R u d o l f K o c h zu nennen, der schon in Braunschweig als Nachbarsohn und Schulkamerad mit unseren F e r d i n a n d eng befreundet gewesen war. Er war der kaufmännischen Laufbahn, der Beide sich zunächst gewidmet hatten, treu geblieben, hatte nach Beendigung seiner Lehrzeit in Paris und London gearbeitet und sich schliesslich in Berlin angesiedelt, wo er sich an der Gründung der Deutschen Bank betheiligte, der er heute noch als Director und als einer der geschätzesten Finanzmänner Berlins angehört. Weitere Mitglieder dieses Freundeskreises waren die Mediciner Dr. P r e u s s e, jetzt Oberstabsarzt in

58

Liegnitz, und der Physiologe B a u m a n n, welcher später Professor in Freiburg im Breisgau wurde und dessen früher Tod auch unser T i e m a n n noch erleben und tief empfinden sollte. Etwas später gesellte sich v. M e r i n g, jetzt Professor der Medizin in Halle, diesem Kreise zu, der sich gewöhnlich beim >Schweren Wagner< zu versammeln pflegte und seine Sitzungen nicht selten bis in die frühen Morgenstunden ausdehnte. Man plauderte über die verschiedensten Dinge, sang wohl auch ein Lied, wobei T i e m a n n's wohltönender Bass vorklang, und wenn die Rede auf litterarische Dinge kam, so fand unser Freund ein besonderes Vergnügen daran, ein gutes Gedicht mit Ausdruck zu declamiren.

Dass übrigens auch die Chemie vielfach den Stoff zu den Gesprächen in diesem vertrauten Freundeskreise liefern musste, ergiebt sich aus dem Umstande, dass T i e m a n n wenigstens mit zwei Mitgliedern desselben gemeinsame Untersuchungen unternahm. Mit Dr. P r e u s s e zusammen arbeitete er weiter an den oben erwähnten Forschungen über die Wasseruntersuchung und veröffentlichte mit ihm in den Jahren 1878 und 1879 drei grössere Abhandlungen, in welchen die Bestimmungsmethoden für den Gehalt des Wassers an salpetriger Säure und organischen Substanzen kritisch gesichtet und erweitert wurden. Mit B a u m a n n unternahm er die später noch zu erwähnenden Arbeiten aus dem Gebiete der Indigogruppe.

Kaum minder herzlich als mit diesen Freunden, mit denen er seine Abende verbrachte, war T i e m a n n's Verkehr mit einzelnen seiner Arbeitsgenossen im H o f m a n n'schen Laboratorium. Vor allen ist hier W i l h e l m H a a r m a n n zu nennen, der etwa gleichzeitig mit T i e m a n n in das H o f m a n n'sche Laboratorium eingetreten war und sich ihm als Landsmann angeschlossen hatte, denn er stammte aus

Holzminden an der Weser, wo seine Familie seit Generationen ansässig und begütert war. Der Krieg hatte auch ihn in's Feld gerufen, und während desselben blieben die beiden jungen Männer, welche bei verschiedenen Truppentheilen standen, in fortdauerndem Briefwechsel. Nach dem Friedenschlusse kehrten Beide an den alten Schauplatz ihrer Tätigkeit zurück, und ihr immer intimer werdender Verkehr führte sie schliesslich zu gemeinsamer chemischer Arbeit, welche ausschlaggebend werden sollte für beider Freunde spätere Lebensentwicklung.

Der geistige Reifeprocess, der sich damals bei T i e - m a n n vollzog und in den völlig veränderten Zielen zum Ausdruck kam, welche er seiner Arbeit steckte, fand seinen Ursprung und seine Förderung nicht nur in der eigenen Ueberzeugung von der Nothwendigkeit grösserer Vetiefung, sondern er wurde in glücklichster Weise unterstützt durch die engeren Beziehungen, welche sich in dieser Zeit zwischen ihm und dem grossen Meister entwickelten, dessen geschätzter Gehülfe er geworden war. Er, der während seiner Studienjahre, wie wohl die meisten jungen Leute in dieser Lebenszeit, auf die Gesellschaft gleichaltriger Genossen angewiesen gewesen war, die bei aller Gutartigkeit und Begabung schliesslich doch nur seines Gleichen waren, sah sich mehr und mehr in die Kreise eines älteren, aber geistig ungewöhnlich jugendfrischen Fachgenossen gezogen, der auf den Höhen des Lebens wandelte und in jeder Hinsicht zu den auserlesenen Geistern seines Volkes gehörte. Der vergötterte Meister, der den Studenten gütig empfangen und sein warmes Interesse für die Wissenschaft, der er sich widmen wollte, durch den Zauber seiner Persönlichkeit und seiner Lehrweise zur flammenden Begeisterung gesteigert hatte, erkannte nun das ernste Streben des jungen Fachgenossen dadurch an, dass er ihn zu seinem Mitarbeiter emporhob und ihn der väterlichen Freundschaft würdigte, die er so manchem jüngeren Chemiker entgegen gebracht hat. Wohl waren die Anforderungen, welche er an die Hingebung und Arbeitskraft derer, denen er solche Gunst erwies, zu stellen pflegte, ganz ausserordentliche. Aber wer dachte daran, wenn er sich in dem Banne dieser Persönlichkeit befand! Wem es vergönnt war, in H o f m a n n's Nähe zu weilen, in seinen Gedankenflug hineingezogen zu werden, dem schlug keine Stunde. (...)

Das Band edelster Freundschaft, welches beide Männer für's Leben verbunden hatte, war dazu bestimmt, zum Bande der Verwandtschaft zu werden. H o f m a n n, welcher damals verwittwet war, hatte die schöne, junge Schwester B e r t h a seines Assistenten bei Gelegenheit eines Besuches, welche diese ihrem Bruder in Berlin abstattete, kennen gelernt, sein warmes Herz war in Liebe für sie erglüht und hatte Gegenliebe gefunden. Eine trotz des Altersunterschiedes beider Gatten überaus glückliche Ehe war die Folge, und zu den Beziehungen, welche T i e m a n n bereits mit H o f m a n n verbanden, gesellte sich, nun noch im Sommer 1973 die Verschwägerung.

T i e m a n n's Selbstzucht und Arbeit während der ersten Jahre nach seiner Rückkehr von dem Feldzuge, sowie sein intimer Verkehr mit H o f m a n n während dieser Zeit hatten in ihm allmählich die Befähigung zur Inangriffnahme derjenigen Arbeiten ausgebildet, welche das Werk seines Lebens werden und ihm das Anrecht auf den Ruhm geben sollten, der ihm heute gerne zuge-standen wird. Merkwürdiger Weise empfing T i e m a n n den ersten Anstoss zu diesen Arbeiten von seinem alten Studiengenossen K u b e l, der nun schon seit einer Reihe von Jahren als Apotheker in Holzminden ein beschauliches Dasein führte.

Th H a r t i g hatte im Cambialsafte der Lärche 1861 einen krystallinischen Körper entdeckt, den er, ohne ihn näher zu untersuchen, den Namen Laricin beigelegt hatte. Später war derselbe dann auch im Safte der Tanne aufgefunden und als Abiëtin bezeichnet worden. K u b e l hatte im Jahre 1866 die erste chemische Untersuchung dieser Substanz veröffentlicht, dieselbe als Glucosid erkannt und, da inzwischen ihre Anwesenheit im Safte aller Coniferen erwiesen worden war, ihren Namen in Coniferin abgeändert. Das neben dem Zucker aus dieser Substanz abspaltbare Product hatte K u b e l nicht fassen können. Als nun im Jahre 1873 W i l h e l m   H a a r - m a n n, welcher, wie schon erwähnt, nach seiner Rückkehr aus dem Kriege seine Studien im H o f m a n n'schen Laboratorium fortgesetzt hatte, sich nach einem passenden Thema für seine erste grössere Untersuchung umsah, stellte K u b e l ihm und T i e m a n n die Reste seines Materials zur Verfügung, in der Hoffnung, dass diesen jungen Forschern die Abscheidung des Spaltungsproductes gelingen würde, welche er vergeblich erstrebt hatte. Unter seinen eigenen Beobachtungen, welche K u b e l dabei mittheilte, befand sich auch die, dass bei allen von ihm unternommenen Spaltungsversuchen stets ein starker Vanillegeruch beobachtet worden sei.

Die von T i e m a n n und H a a r m a n n angestellten Versuche gaben ermuthigende Resultate, aber dieselben konnten erst weiter verfolgt werden, nachdem neues Material beschafft war. In den Fichtenwäldern seiner Heimath sammelte H a a r m a n n nicht ohne Mühe 2,5 kg des rohen Coniferins, und nun begann eine Arbeit, welche zwar zahlreiche Schwierigkeiten darbot und ein volles Jahr in Anspruch nahm, schliesslich aber doch von den begeisterten jungen Männern zum glänzenden Abschluss gebracht wurde. In dieser Arbeit [s. folgendes Kapitel], welche T i e m a n n am

24. April 1874 in der Deutschen chemischen Gesellschaft zum Vortrag brachte, zeigt sich zum ersten Male jene Meisterschaft in der Enträthselung der Structur vollkommen unerforschter Producte der Pflanzenwelt, durch welche T i e m a n n später wiederholt unser Staunen und unsere Bewunderung wachgerufen hat. Ein gütiger Zufall hatte ihm freilich nicht nur die erste Anregung zu dieser Arbeit, sondern auch einen innig befreundeten Mitarbeiter gegeben, der in der Folge oft genug Proben eines seltenen experimentellen Geschickes und einer durch nichts zu erschütternden Geduld abgelegt hat, sodann in diesem Falle eine höchst glückliche Ergänzung der Befähigung beider Arbeitsgenossen stattfand. Aber wir dürfen wohl annehmen, dass die kühne und scharfsinnige Deutung der experimentellen Ergebnisse, welche dieser Untersuchung ihre grundlegende Bedeutung verleiht, in erster Linie T i e m a n n's Verdienst war.

Es ist vielleicht hier der Platz, einige Worte über T i e - m a n n's Arbeitsweise und die Art seines Verkehr mit seinen Mitarbeitern zu sagen. Beide waren in hohem Grade charakteristisch für ihn. Als Chemiker konnte T i e m a n n, ebensowie als Mensch den Anspruch erheben, ungewöhnlich vielseitig gebildet genannt zu werden. Wenige Chemiker beherrschten so wie er das gesammte Wissen ihrer Zeit. Aus diesem Grunde war T i e m a n n auch ein so ausgezeichneter Redacteur unserer Berichte. Aber seine Vielseitigkeit erstreckte sich nicht auf seine praktische Arbeit im Laboratorium. Den weiter oben geschilderten Eigenthümlichkeiten seines Charakters entsprechend, blieb er nicht nur seinen einmal erwählten Arbeitsthematen treu, indem er sie bis zu den letzten Consequenzen durchführte, sondern er hielt auch fest an einem verhältnissmässig kleinen Methodenschatz, dessen Grenzen er nur überschritt, wenn er nicht anders konnte. Die von ihm bevorzugten Methoden aber wusste er auch in meisterhafter Weise zu handbhaben und jedem gegebenen Falle anzupassen. Wer T i e m a n n's Gesamtwerk überblickt, kann nicht umhin, darüber zu staunen, mit wie wenigen und einfachen Hülfsmitteln er seinen Zielen zuzustreben verstand und wie discret er dieselben verwandte. Er hatte, wenn man so sagen darf, das Talent, chemische Substanzen mit weicher Hand anzufassen und gerade das war die Ursache, dass er bei dem Studium sehr empfindlicher und veränderlicher Körper so grosse Erfolge errang.

Dabei hatte T i e m a n n das Bedürfniss, mit anderen Chemikern zusammen zu arbeiten und das Talent, sie für die gemeinsame Arbeit zu interessiren. Selbst die nur unter seinem Namen veröffentlichten Untersuchungen enthalten im Text fast immer den Hinweis auf die werthvolle Hülfe jüngerer Fachgenossen. T i e m a n n selbst war stets so ganz bei der Sache, dass er unbedingt Jemanden brauchte, mit dem er alle Beobachtungen sofort besprechen konnte. Aus dieser Eigenart entsprang T i e m a n n's eminente Bedeutung als Lehrer. Er hat nicht nur sehr viele junge Chemiker herangezogen, sondern namentlich auch eine grosse Zahl solcher Kräfte, welche sich in ihrer späteren Laufbahn durch strenge Methodik und wissenschaftliche Schärfe des Urtheils ausgezeichnet haben.

Der Grund, weshalb K u b e l bei der Spaltung des Glykosids (Coniferin) neben Traubenzucker nur ein nicht definirbares Harz erhalten hatte, wurde von T i e m a n n und H a a r m a n n darin erkannt, dass K u b e l zur Spaltung verdünnte Mineralsäuren verwandt hatte, welche das zunächst entstehende krystallisierbare Spaltungsproduct polymerisiren. Indem sie statt der Säuren das fermentativ wirkende Emulsion als hydrolytisches Mittel verwen-deten, gelang es ihnen, das primäre Spaltungsproduct zu fassen. Die

Constitution desselben blieb vorläufig ungeklärt, dagegen zeigten sie, dass es bei seiner Oxydation mit Leichtigkeit diejenige Substanz liefere, welche die Ursache das schon von K u b e l wahrgenommenen Vanillegeruches war und welche sie als zweifellos identisch mit dem auch in der Vanille selbst vorkommenden Vanillins erkannten. Ihre Bestrebungen, die Constitution dieses Letzteren aufzuklären, waren von vollem Erfolge gekrönt. Indem sie es einem systematischen Abbau bis zum Brenzcatechin unterwarfen, erwiesen sie es als einen primären Methyläther des Protocatechusäurealdehyds, dessen Constitution als Metamethoxyparoxybenzaldehyd:

Darstellung der Struktur von Vanillin   Im zitierten *Lebensbild*

(benachbarte Gruppe am Sechs(Benzol)ring: OH- und O-CH$_3$ in beiden Darstellungen, gegenüberliegende Gruppen OH- und –CHO, bei TIEMANN als –COH geschrieben, jedoch richtig als Aldehydgruppe erkannt)

Diese schöne Arbeit, welche berechtigtes Aufsehen erregte, wurde zum Ausgangspunkte einer durch mehrere Jahre und unter der Mitwirkung vieler Mitarbeiter fortgesetzten Reihe von Untersuchungen, über welche weiter unter noch berichtet werden soll. Mit der Enträthselung des

65

Vanillins hatte T i e m a n n sein wissenschaftliches Fahrwasser gefunden, welches zu verlassen er vorerst nicht gesonnen war. Vor allem muss jedoch der technischen Consequenzen gedacht werden, welche sich schon aus der kurz wiedergegebenen, ersten und einleitenden Arbeit ergaben....

An dieser Stelle unterbrechen wir das *Lebensbild* (Fortsetzung im nächsten Kapitel), verfasst von Otto N. WITT, um Ausschnitte aus der Originalarbeit zu zitieren – in Verbindung mit einem anschließenden Kurzlebenslauf von Wilhelm HAARMANN.

4. TIEMANN und HAARMANN
über die Umwandlung des *Coniferins* in Vanillin

Aus: Berichte der Deutschen Chemischen Gesellschaft 7(1),
608-623 (**1874**)

Mittheilungen.

181. F e r d. T i e m a n n und W i l h. H a a r m a n n: *Ueber das Coniferin und seine Umwandlung in das aromatische Princip der Vanille.*

(Aus dem Berl. Univ.-Laborat. CCIV; vorgetragen in der Sitzung vom 23. März von Hrn. T i e m a n n.)

Unter den zahlreichen Glucosiden, welche im Verlauf des Lebensprocesses der verschiedensten Pflanzen gebildet werden, ist eines der Aufmerksamkeit der Chemiker und Pflanzenphysiologen lange Zeit entgangen, obgleich es sich in sehr wahrnehmbarer Menge in einer weit verbreiteten Pflanzenfamilie findet; es ist dies das Glucosid der Coniferen, das Coniferin. Dasselbe wurde zuerst von Th. H a r t i g in dem Cambialsafte aller Zapfenbäume beobachtet und Abietin genannt und schließlich zeigte es sich, dass alle Nadelhölzer denselben Körper enthalten, weshalb W. K u b e l, der ihn zuerst chemisch untersuchte, den Namen Abietin im Einverständniss mit Th H a r t i g in Coniferin abänderte.

K u b e l stellte das Coniferin zuerst in chemisch reinem Zustande dar und characterisirte dasselbe als Glucosid. Er spaltete daraus durch Kochen mit verdünnter Schwefelsäure Traubenzucker ab, erhielt aber als zweites Product nur eine harzige Substanz, welche in keinem für die Analyse passenden Zustand gebracht werden konnte. Als eine bemerkenswerthe Eigenschaft des Coniferins betonte K u b e l das Auftreten eines eigenthümlichen Vanillegeruches beim Kochen dieser Substanz mit verdünnten Säuren.

Bereits vor mehreren Jahren haben wir die von K u b e l nicht weiter fortgesetzte chemische Untersuchung des Coniferins gemeinschaftlich wieder aufgenommen und sind in unseren Bestrebungen von Hrn. K u b e l dadurch, dass derselbe uns das von ihm gesammelte Material für unsere Versuche bereitwillig zur Verfügung stellte, zunächst wesentlich unterstützt worden. Schon damals konnten wir nachweisen, dass die Einwirkung von Emulsin auf Coniferin ausser Traubenzucker ein gut krystallisirendes Spaltungs- product erhalten werde; alle Versuche jedoch, den letzteren Körper näher zu characterisiren scheiterten an der geringen Menge, welche wir von demselben erhalten hatten und vorläufig überhaupt erhalten konnten. Wohl aber hatten die gemachten Erfahrungen uns zu der Erkenntniss geführt, dass wir nur bei Inangriffnahme einer grösseren Menge von Coniferin darauf rechnen durften, die chemische Natur desselben vollständig aufzuklären.

Es gelang uns, im Frühjahr und Sommer 1873 etwa 2 ½ Kilo dieser Substanz in fast reinem Zustand zu gewinnen, wodurch wir in den Stand gesetzt waren, die Versuche anzustellen, deren Resultate wir die Ehre haben, heute der Gesellschaft vorzulegen.

Hr. Prof. A. W. H o f m a n n hat an unserer Arbeit den lebhaftesten Antheil nehmen wollen und sind wir demselben für die uns gewährte Unterstützung zu höchstem Danke verpflichtet.

C o n i f e r i n.

Die Darstellung des Coniferins geschieht in folgender Weise:

Zur Zeit der Holzbildung im Frühjahr und im Anfang des Sommers, werden frisch gefällte Stämme von Nadelhölzern, z. B. von Abies exselsa *und* pectinata [Fichtenarten: *Picea abies* Gemeine Fichte], *von* Pinus Strobus [Weymouth-Kiefer] *und* Cembra [Zirbel-Kiefer], *von* Larix europea [Lärche – Europäische Lärche *Larix decidua* Miller] *u. s. w., in Stücke zersägt und die einzelnen Theile von der Rinde befreit. Darauf sammelt man den Cambialsaft durch Abschaben vermittelst eines scharfen Instrumentes, practisch eines Glasscherbens, in einem untergestellten Gefässe, befreit den gewonnenen Saft durch Aufkochen und Filtriren von dem darin gelösten Eiweiss und dampft das Filtrat auf etwa ein Fünftel seines ursprünglichen Volumens ein. Die aus der concentrirten Flüssigkeit nach kurzer Zeit anschiessenden, noch braun gefärbten Krystalle werden durch Abpressen von dem anhaftenden, eineeigenthümliche Zuckerart, Pinit, enthaltenden Syrup möglichst getrennt und durch wiederholtes Umkrystallisiren gereinigt. Anwendung von Thierkohle bei der letzten Operation beschleunigt die Entfärbung.*

Die verunreinigenden Substanzen lassen sich zum grösseren Theil auch dadurch fortschaffen, dass man die braun gefärbten heissen Coniferinlösungen mit geringen Mengen an Bleiacetat und Ammoniak versetzt; harzartige Körper und färbende Materien werden dadurch gefällt, während Coniferin in Lösung bleibt. Etwa überschüssig hinzugesetztes Bleiacetat kann durch Einleiten von Kohlensäure als unlösliches Bleicarbonat leicht entfernt werden.

Das Coniferin ist schwer löslich in kaltem, leichter löslich in heissem Wasser, ebenso in Alkohol, unlöslich dagegen in Aether. Aus den genannten Lösungsmitteln krystallisirt es beim Erkalten in atlas-glänzenden, weissen, scharf zugespitzten, oft sternförmig oder rosettenartige gruppirten Nadeln, deren Schmelzpunkt bei 185° C. (uncorr.) liegt.

Die weissen, durchscheinenden Krystalle verlieren bei längerem Liegen an der Luft ihren Glanz und nehmen gleichzeitig an Gewicht ab. Die Gewichtsabnahme rührt von verflüchtigtem Krystallwasser her, welches schneller und vollständig bei 100° C. ausgetrieben wird.

Die wässrige Lösung des Coniferins hat einen schwach bitteren Geschmack und dreht die Ebene der polarisierten Lichtstrahlen nach links. F e h l i n g'sche Lösung wird dadurch selbst nach anhaltendem Kochen nicht reducirt. Verdünnte Säuren bewirken in der Kälte keine Veränderung, erhitzt man aber wässrige Coniferinlösungen mit einigen Tropfen Salzsäure oder Schwefelsäure, so scheidet sich ein weisses, beim Trocknen meist gelb oder rothgelb werdendes Harz ab und in Lösung befindet sich Traubenzucker.

Durch concentrirte Schwefelsäure wird Coniferin zunächst dunkelviolett gefärbt und geht darauf mit rother Farbe in Lösung; aus letzterer scheidet sich auf Zusatz von Wasser ein indigblaues Harz ab. Versetzt man eine wässerige Lösung von Coniferin nach und nach mit concentrirter Schwefelsäure, so tritt zunächst, sobald die Temperatur steigt, Ausscheidung des schon erwähnten weissen Harzes ein, später erscheint die Flüssigkeit trübe violett und endlich bei dem Hinzufügen von noch mehr Schwefelsäure resultirt, wie oben, eine klare, tiefrothe Lösung.

Mit Phenol und concentrirter Salzsäure befeuchtet, nimmt Coniferin nach kurzer Zeit, im Sonnenlichte fast augenblicklich, eine intensive blaue Farbe an. Auf diesem

Verhalten beruht die schon seit langer Zeit zum Nachweis von Phenol angewandte Fichtenholzreaction. Man bringt bekanntlich eine geringe Menge der auf Phenol zu prüfenden Flüssigkeit zusammen mit concentrirter Salzsäure auf einen Fichtenspan und schliesst aus einer eventuell eintretenden Blaufärbung auf Phenol. Die in dem Fichtenholze, altem wie frischem, vorkommenden geringen Spuren von Coniferin verursachen die Färbung.

Die beiden zuletzt angeführten Reactionen sind bereits von H a a r m a n n und K u b e l zur Auffindung von Coniferin in den verschiedenen Nadelhölzern benutzt worden und ist namentlich die letztere durch grosse Schärfe ausgezeichnet.

K u b e l wies nach, dass Coniferin ein stickstofffreier Körper sei, eine Beobachtung, welche durch unsere Versuche vollständig bestätigt wird. K u b e l musste jedoch, da er ausser Traubenzucker bestimmte Umsetzungs- oder Zersetzungsproducte des Coniferins nicht dargestellt hatte, von der Aufstellung einer definitiven Formel für dasselbe Abstand nehmen; aus den gemachten Analysen folgerte er als Ausdruck der gegenseitigen Mengenverhältnisse seiner Elementarbestandtheile, Kohlenstoff, Wasserstoff und Sauerstoff, sowie das Krystallwassers die Formel

$$C_{24}H_{39}O_{12} + 3 \; aq.$$

Der Kohlenstoff, Wasserstoff und das Krystallwasser sind in dem reinen Coniferin auch neuerdings wiederholt bestimmten worden und lässt sich die Gesammtheit der von K u b e l und uns erhaltenden Resultate am einfachsten in der Formel

$$C_{16}H_{22}O_8 + 2 \; aq \; \text{[bis heute gültig!]}$$

ausdrücken, welche sich von der 2/3fachen K u b e l'schen Formel nur durch den Mehrgehalt von 2/3 At. Wasserstoff unterscheidet und, wie im Folgenden gezeigt werden soll, in der That allen Zersetzungen des Coniferins Rechnung trägt, daher als Molecularformel desselben aufzufassen ist.

Spaltungsproduct des Coniferins.

Für die Feststellung der chemischen Constitution des Coniferins kam zunächst Alles darauf an, das oder die Producte näher zu characterisiren, welches dieses Glucosid bei Vermeidung tiefer gehender Zersetzungen, bei der einfachen Abspaltung von Traubenzucker liefert.

Verdünnte Salzsäure und Schwefelsäure bewirken allerdings, wie schon bemerkt, in der Wärme ein Zerfallen des Coniferinmoleculs und geben auch zur Bildung von Traubenzucker Veranlassung, allein als anderweitiges Zersetzungsproduct haben wir, ebenso wie K u b e l, nur einen harzartigen Körper erhalten, dessen Eigenschaften nicht so ausgeprägt waren, um ihn ohne Weiteres als chemisches Individuum ansprechen zu können. Mit gewünschtem Erfolge haben wir dagegen Emulsin [Enzymgemisch aus u.a. β-Glucosidasen] als Spaltungsmittel angewandt. Der Versuch wird in diesem Falle zweckmässig in folgender Weise angestellt:

Man übergiesst reines Coniferin mit der zehnfachen Gewichtsmenge destillirten Wassers, fügt eine kleine Quantität Emulsin (auf 50 Gr. Coniferin 0,2-0,3 Gr. trocknen, nach den Vorschriften von B u l l[1] und O r t l o f f[2] dargestellten Emulsins) hinzu und überlässt das Ganze bei einer Temperatur, welche, soll die Zersetzung rasch verlaufen, nur zwischen 25 und 36° C. schwanken darf, längere Zeit sich selbst.

---

[1] B u l l, Ann. Chem. Pharm. LXIX, 145.
[2] O r t l o f f, Archiv. Pharm. (2) XLV, 24, 129.

Die Einwirkung erfolgt sofort und schon nach wenigen Stunden lässt sich in der Flüssigkeit mittels F e h l i n g'scher Lösung Traubenzucker deutlich nachweisen. Die nicht gelösten Coniferinkrystalle verschwinden nach und nach und an ihrer Stelle scheiden sich am Boden des Gefässes weisse, krystallinische Flocken ab, welche von dem Coniferin besonders durch ihre Löslichkeit in Aether unterschieden werden. Die Menge der letzteren mehrt sich zusehends und nach Ablauf von 6-8 Tagen, zu welchem Zeitpunkte der Gährungsprocess gewöhnlich sein Ende erreicht hat, ist der ganze untere Theil des Gefässes mit einer dichten, weissen, flockig krystallinischen Masse erfüllt, über welcher eine klare, wenig gefärbte Flüssigkeit steht.

Man schüttelt die Flüssigkeit sammt dem darin enthaltenen Niederschlage direct mit Aether und setzt das Schütteln mit neuen Mengen von Aether bis zur Erschöpfung, d. h. so lange als derselbe noch Substanz aufnimmt, fort. Die weisse Ausscheidung ist danach fast vollständig verschwunden, weil in den Aether übergegangen. Man trennt die wässrige von der ätherischen Schicht durch einen Scheidetrichter und destillirt den Aether zur Gewinnung des darin gelösten Körpers auf dem Wasserbade ab. Führt man die letztere Operation nicht vollständig zu Ende und überlässt man den Rest des Aethers der freiwilligen Verdunstung, so erhält man gewöhnlich direct einen Rückstand von wohlausgebildeten, weissen prismatischen Krystallen; im anderen Falle bleibt ein klares Oel zurück, welches in einer Kältemischung nach kurzer Zeit ebenfalls an den soeben beschriebenen Krystallen erstarrt. Dieselben werden zwischen Fliesspapier abgepresst und durch Umkrystallisiren aus Aether gereinigt.

In der wässrigen mit Aether ausgeschüttelten Flüssigkeit ist das hinzugefügte Emulsin enthalten. Dasselbe wird durch Aufkochen coagulirt und kann durch Filtriren dann leicht entfernt werden. *Das Filtrat gesteht bei dem Eindampfen zu einem klaren Syrup von Traubenzrucker, in welchem sich eventuell Spuren von unzersetztem Coniferin befinden. Anderweitige Verbindungen konnten darin nicht nachgewiesen werden.*

Das chemisch reine Spaltungsproduct schmilzt bei 73-74° C., ist leicht löslich in Aether, etwas weniger löslich in Alkohol, schwer löslich in heissem und fast unlöslich in kaltem Wasser. Nach wiederholt damit angestellten Elementaranalysen ist es nach der Formel $C_{10}H_{12}O_3$ zusammengesetzt und entsteht daher aus dem Coniferin nach der Gleichung:

$$C_{16}H_{22}O_8 + H_2O = C_6H_{12}O_6 + C_{10}H_{12}O_3.$$

[Bei dem Spaltungsprodukt handelt es sich offensichtlich um den Coniferylalkohol = 4-Hydroxy-3-methoxyzimtalkohol $C_{10}H_{12}O_3$:

Coniferylalkohol

Vanillin]

Versetzt man die Lösung des Spaltungsproductes in Wasser oder verdünntem Weingeist mit einigen Tropfen Salzsäure oder Schwefelsäure, so scheidet sich ein weisser, flockiger, amorpher Niederschlag ab, welcher durch Auflösen in starkem Weingeist und Wiederfällen mit Wasser leicht von anhaftender Säure befreit werden kann. Der auf diese Weise erhaltene Körper unterscheidet sich von dem Spaltungs-producte, aus welchem es entstanden ist, vornehmlich durch geringere Löslichkeit in Alkohol und Aether; er hat bisher nicht krystallisirt erhalten werden können. Bei 100° C. getrocknet, stellt er ein weisses, leicht gelb oder gelbroth werdendes Pulver vor, welches nach Art der Harze zwischen 150-160° C. erweicht, ohne bei dieser oder höherer Temperatur zu einer klaren Flüssigkeit zu schmelzen.

Die Substanz hat nach den davon gemachten Analysen dieselbe procentige Zusammensetzung wie das Spaltungs-product, ist voraussichtlich durch Polymerisation aus letzterem entstanden und soll im Folgenden amorphes Spaltungsproduct genannt werden.

Das krystalisirte Spaltungsproduct ist in Natronlauge löslich, verdünnte Säuren fällen aus der alkalischen Lösung selbst bei dem vorsichtigsten Neutralisiren nicht die unveränderte, sondern die amorphe Verbindung, welche von überschüssigem Alkali leicht wieder aufgenommen wird.

Sowohl das krystallisirte als auch das amorphe Spaltungsproduct werden durch concentrirte Schwefelsäure zunächst roth gefärbt und darauf mit rother Farbe gelöst; sie verhalten sich in dieser Beziehung dem Coniferin sehr ähnlich, nur die für letzteres beschriebenen violetten Farbtöne treten bei der obigen Reaction nicht auf.

Das amorphe Spaltungsproduct ist seinen Eigen-schaften nach vollständig identisch mit der durch verdünnte Salzsäure oder Schwefelsäure aus Coniferin darstellbaren harzartigen Verbindung; die Spaltung aus Coniferin unter der Einwirkung von Emulsin oder der ebengenannten Agentien verläuft daher zunächst in ganz analoger Weise, nur wird das *gebildete Product im zweiten Falle durch die vorhandene freie Säure sofort polymerisirt.*

[Björn Bernhard KUHSE hat in seiner Dissertation von 2010 – erschienen unter dem Titel „Vanillin – Historie und Schulrelevanz" im Kapitel 7 einige der historischen Versuche als „schulchemische Experimente" beschrieben und deren Ergebnisse auch mit modernen spektroskopischen Methoden (H-NMR, LC-MS, HPLC/MS-UV in Laboratorien der Fa. Symrise analysieren lassen. Im Verlauf dieser Untersuchungen wurde das *Isoconiferin* identifiziert, bei dem das Glucosemolekül nicht an die phenolische OH-Gruppe sondern an den Allylalkohol gebunden ist. Über unsere Untersuchungen an ethanolischen Extrakten aus verschiedenen Holzarten wird im Kapitel 8 dieses Buches ausführlich berichtet.]

V a n i l l i n.

Das krystallisirte Spaltungsproduct, welches in reinem Zustande und frisch dargestellt, vollständig geruchlos ist, nimmt nach einiger Zeit einen schwachen, aber characteristischen Vanillegeruch an. Derselbe Geruch tritt auf, wenn man das krystallisrte oder das auf die eine oder andere Weise erhaltene amorphe Spaltungsproduct, also auch Coniferin mit verdünnter Schwefelsäure erhitzt und wird noch deutlicher, wenn man anstelle der Schwefelsäure ein Oxydationsgemisch aus Kaliumdichromat und Schwefelsäure verwendet.

Der Geruch rührt demnach von einem Körper her, welcher aus dem Spaltungsproduct entsteht und daher in bestimmten und einfachen Beziehungen zu demselben stehen muss. Wir haben uns daher zunächst bemüht, die riechende Substanz darzustellen, indem wir als Ausgangsprodukt das reine krystallisirte Spaltungsproduct wählten.

Wenn man fein gepulverte Krystalle des letzteren Körpers mit Wasser anreibt, Kaliumbichromatlösung und Schwefelsäure hinzufügt und das Ganze destillirt, so erhält man in den ersten Augenblicken ein stark nach Acetaldehyd riechendes Destillat, in welchem die Gegenwart dieser Verbindung auch durch die Silber-Ammoniak- und Kalium-hydrosulfitreaction angezeigt wird. Die späteren Antheile des Destillats zeigen die genannten Reactionen nicht mehr; sie reagiren stark sauer und riechen deutlich nach Vanille. Aether nimmt daraus eine in schönen weissen, meist sternförmig gruppirten Nadeln krystallisirende Substanz auf, welche in hohem Grade den characteristischen Geruch und Geschmack der Vanille besitzt.

Die Ausbeute ist, wenn man auf die angegebene Weise verfährt, allerdings nur gering, weil das krystallisirende Spaltungsproduct unter der Einwirkung der Schwefelsäure rasch verharzt und alsdann nur langsam und unvollständig von dem Oxydationsgemische angegriffen wird. Leichter und vortheilhafter ist die riechende Substanz direct aus dem Coniferin darzustellen.

Man lässt zu diesem Zwecke eine wässrige Coniferinlösng langsam in ein erwärmtes Oxydationsgemisch aus Kaliumbichromat und Schwefelsäure fliessen und erhitzt das Ganze mehrere Stunden lang in einem Kolben mit Rückflusskühler. Die erkaltete Flüssigkeit wird durch Filtrieren von geringen Mengen etwa ausgeschiedenen Harzes getrennt und danach direct mit Aether ausgeschüttelt. Letzterer hinterlässt beim Abdestilliren oder Verdunsten ein gelbes Oel, welches nach einigen Tagen zu einer krystallinischen Masse erstarrt.

Beim Umkrystallisiren aus Wasser unter Anwendung einer geringen Menge Thierkohle werden auch hier die bereits beschriebenen prachtvollen Krystalle der nach Vanille riechenden und schmeckenden Verbindung gewonnen.

Dieselben schmelzen in reinem Zustande bei 80-81° C. (uncorr.) sind leicht löslich in Aether und Alkohol, schwer löslich in kaltem und leichter in heissem Wasser.

Aus den von der reinen Substanz gemachten Analysen erhellt unzweifelhaft, dass dieselbe nach der Formel

$$C_8H_8O_3$$

zusammengesetzt ist.

Die Verbindung ist bei vorsichtigem Erhitzen unzersetzt sublimirbar, reagirt in ihren Lösung stark sauer und giebt mit Basen wohl charakterisirte Salze. (...)

Der zitierte Text fasziniert in seiner Systematik des Vorgehens, der genauen und anschaulichen Beschreibung aller Schritte auch noch den Chemiker im 21. Jahrhundert. In der Originalarbeit folgenden Darstellungen der Salze (Natrium-, Barium-, Magnesium- Zink-, Blei- und Silbersalz und weiterer Derivate u.a. des Bromsubstitutionsproduktes – an einer (freien) Doppelbindung des Benzolringes. Auch die Abspaltung des Acetaldehyds wurde richtig festgestellt, die Summenformeln und Schmelzpunkte korrekt angegeben, der saure Charakter aufgrund der phenolischen OH-Gruppe erkannt.

5. Wilhelm HAARMANN (1847-1931) – sein Lebensweg als Unternehmer

Als Gustav Ludwig Friedrich *Wilhelm* Haarmann wurde er am 24. Mai 1847 in Holzminden geboren. Sein Vater war der Kaufmann und Steinbruchbesitzer sowie Zolloberkommissär in Holzminden Heinrich Wilhelm Haarmann (1802-1884).

Geburtshaus „Altes Zollhaus" oder auch „Fährhaus" genannt – historisches Bild (Stadtarchiv Holzminden)

Nach dem Besuch der Bürgerschule und des Gymnasiums in Holzminden (1853-1866) begann er seine Ausbildung in Chemie 1866 zunächst an der Bergakademie in Clausthal, wechselte an die Universität Göttingen (zu Friedrich WÖHLER und Rudolph FITTIG) und 1869 zu A. W. von HOFMANN nach Berlin.

Eberhard STUMPP (1929-2013) schrieb in seinem Beitrag „Zur Geschichte der Chemie an der Tu Clausthal" (Mitt.Blatt TU Clausthal Heft 48 (1979), 14-21) dass an der seit 1775 bestandenen zunächst Bergschule, ab 1864 Bergakademie, Bruno KERL (1824-1905) ab 1847 das „ganze Lehrgebiet der Chemie, Hüttenkunde und Probierkunst" abdeckte. Kerl hatte bei Friedrich WÖHLER in Göttingen studiert. Das Chemische Laboratorium befand sich damals an der Adolf-Roemer-Straße (heute Hauptgebäude der TU Clausthal). Außerdem lehrte an der Bergakademie August STRENG (1830-1897) ab 1853 Chemie, der sich bei BUNSEN in Heidelberg habilitiert hatte. Beide folgten 1867 Rufen an die damalige Bergakademie in Berlin (später TU – Kerl) bzw. Universität Gießen.

Haarmann nahm 1870/71 am Deutsch-Französischen Krieg als Freiwilliger und Vicefeldwebel teil, setzte danach sein Chemiestudium in Berlin fort, wo er seine Untersuchungen über das Coniferin begann. An der Universität Göttingen promovierte er 1872 mit der Arbeit „Ueber einige Derivate des Glucosids Coniferin und Salicin".

Über den Beginn seines Werdegangs zum Unternehmer lesen wir in dem bereits ausführlich zitierten *Lebensbild* von TIEMANN:

Friedrich WÖHLER und Rudolph FITTIG

W i l h e l m   H a a r m a n n hatte nie daran gedacht, sich der wissenschaftlichen Laufbahn zu widmen, sondern er und die Seinen hatten sich stets mit allerlei Projecten zu gewerblichen Unternehmungen in der Vaterstadt Holzminden getragen, die Ihnen mit Recht für solche Zwecke wohlgelegen erschien. Nachdem er nun mit seinem Freunde die Mittel und Wege erkannt hatte, um aus dem in unbegrenzter Menge zur Verfügung stehenden Fichtensafte den kostbaren Duftstoff der Vanille zu gewinnen, reifte in ihm alsbald der kühne Plan einer technischen Ausnutzung dieser Errungenschaft. T i e m a n n, der die akademische Carrière nicht verlassen wollte, wurde sein stiller Gesellschafter und wissenschaftlicher Mitarbeiter. Verwandte und Freunde beschafften das erforderliche Capital, und schon im Jahre 1875 wurde mit dem Bau der Vanillinfabrik in Holzminden begonnen.

Die Vanillinfabrik an den Teichen um 1900

Die Fabrik entstand im damaligen *ALTENDORF* bei Holzminden. Altendorf war der eigentliche Siedlungskern von Holzminden, dass als *Holtesmeni* oder *Holtesmini* (*menni* im Germanische für Bach) bereits 832 in Schenkungsregistern und Urkunden des Klosters CORVEY erwähnte wurde, womit aber nicht die heutige Stadt sondern das erst 1922 eingemeindete Altendorf (1275 *antiqua villa*) gemeint war. Es handelte sich um eine Siedlung am Hellweg, der hier die Weser überquerte. Als Markt- und Zollstätte der Grafen von Everstein entstand Holzminden (*nova plantatio* = neue Gründung) nach einem Plan zwischen 1197 und 1202.

Weiter ist im *Lebensbild* von TIEMANN zu lesen:

Die geschilderte Organisation des Unternehmens, welche ihrem Wesen nach bis zum Tode T i e m a n n's erhalten geblieben ist, ist charakteristisch für das gegenseitige Vertrauen, welches die Freunde in einander setzten und welches sich vollauf bewährt hat. Jeder von ihnen hat sein Bestes dazu beigetragen, um das junge Unternehmen zum Erfolge zu führen, und Keiner hat gemurrt, als dieser Erfolg zunächst noch auf sich warten liess. Denn die Berechnungen der jungen Unternehmer stimmten nicht in allen Stücken mit der Wirklichkeit. Das Coniferin, die Grundlage der ganzen Fabrication, ist in den deutschen Wäldern zwar in unerschöpflicher Fülle vorhanden, aber seine Gewinnung war mühselig und kostspielig und die Zeit, in der es gewonnen werden musste, fiel nicht zusammen mit derjenigen, in welcher nach forstlichen Grundsätzen die Fällung der Bäume stattfinden soll. Das Anfangscapital des jungen Geschäftes war in allerlei Versuchen bald aufgezehrt, der Verkaufspreis des Vanillins blieb abhängig von den Preisen der Vanille und die dabei erzielten Gewinne erwiesen sich als höchst bescheiden.

Die Patentschrift (zur Patenurkunde – bei J. J. KUHSE abgebildet – stammt vom 13. Juli 1877:

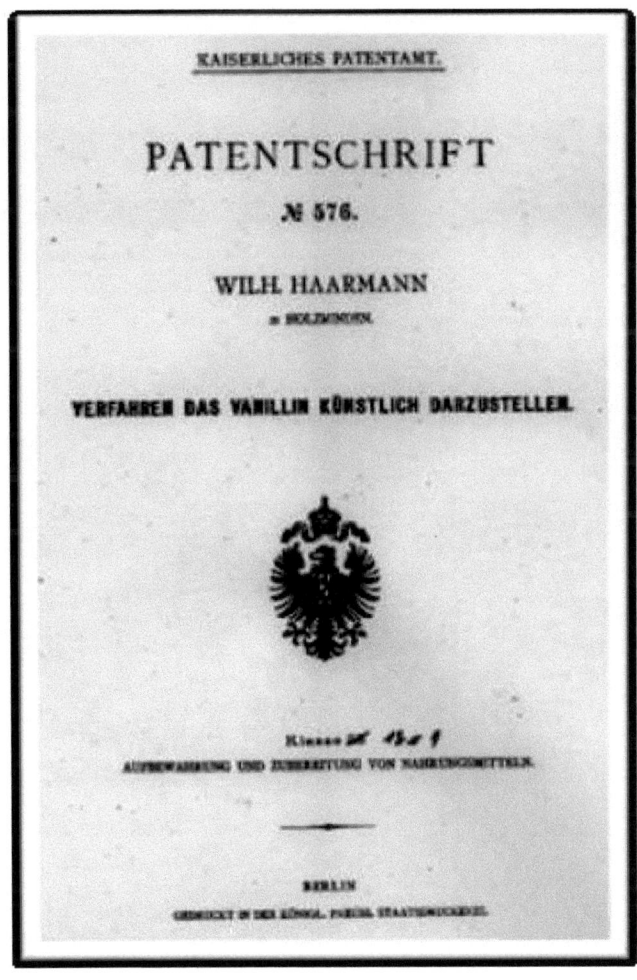

PATENTSCHRIFT

WILH. HAARMANN in HOLZMINDEN.

Verfahren das Vanillin künstlich darzustellen.

Patentirt im Deutschen Reiche vom 13. Juli 1877 ab.

Längste Dauer: 24. März 1889.

Vanillin, der Körper, welcher der Vanille das charakteristische Aroma verleiht, ist bis jetzt nur aus der Vanille dargestellt worden; eine künstliche Darstellungsweise dieses Körpers hat bis auf meine Versuche Niemand mit Erfolg ausgeführt.

Ich stelle das Vanillin aus dem Coniferin, oder direct aus dem Coniferin enthaltenden Cambialsafte der Coniferen, oder endlich einem Auszuge aller der Pflanzentheile der Coniferen, in welchen sich Coniferin befindet, dar.

Coniferin wird in Wasser gelöst und mit irgend einem Oxydationsmittel, z. B. Kaliumbichromat und Schwefelsäure, Kaliumpermanganat in wässeriger Lösung, verdünnter Salpetersäure übergossen und längere Zeit erwärmt. Die Lösung wird mit Aether mehrere Male hintereinander ausgezogen und der Aether wird abdestillirt. Der Rückstand, aus Vanillin und mit Vanillin im Zusammenhang stehenden organischen Körpern bestehend, wird durch öfteres Umkrystallisiren von letzteren Körpern befreit, und das so gewonnene reine Vanillin getrocknet dem Handel zugeführt.

Fig. 124.

A Vanille, Zweig mit Blüten und Luftwurzeln (l); C reifende Frucht.

Vanilla plantifolia – mit Vanilleschote (C) – aus: „Leitfaden der Warenkunde (Hassack-Kojetinsky, Wien 1926

Über die Anfangsschwierigkeiten, aber auch über die gute Zusammenarbeit von HAARMANN und TIEMANN wird in *Tiemanns-Lebensbild* ebenfalls berichtet:

Die Concurrenz, in welche das synthetische Vanillin mit der improtirten Vanille getreten war, lies es als höchst wünschenswerth erscheinen, exacte Methoden zur Bestimmung des Vanillingehaltes der Vanilleschoten zu besitzen, um auf Grundlage solcher Bestimmungen den Handelswerth des synthetischen Productes mit Sicherheit festsetzen zu können. Gemeinsam mit seinem Freunde H a a r m a n n arbeitete T i e m a n n eine solche Methode aus, nachdem sich Vergleiche auf rein empirischer Grundlage als höchst trügerisch erwiesen hatten, eine Erfahrung, welche bei der Untersuchung von Riechstoffen später noch oft wieder gemacht worden ist. Nach den von T i e m a n n und H a a r m a n n veröffentlichten Methode [1875] wird die zu untersuchende Vanille mit Aether erschöpfend ausgezogen, der auf ein geringes Volumen abdestillirte Auszug wird mit Natriumhydrogensulfitlösung durchgeschüttelt, welche das Vanillin aufnimmt. Beim Ansäuern dieser Lösung wird das Vanillin wieder in Freiheit gesetzt und nun abermals mit Aether aufgenommen, welcher dasselbe beim Verdunsten vollkommen rein zurücklässt. Mit Hülfe dieser Methode, welche sich als recht genau erwies, bestimmen ihrer Urheber den Vanillingehalt verschiedener Vanillesorten und fanden, dass derselbe zwischen 1,69 und 2,75 pCt. schwankt. Es zeigte sich, dass das Vanillin in den billigeren geringen Vanillesorten höher bezahlt wird, als in den feinen, und dass der aus den damaligen Preisen der Vanille errechnete Werth des natürlichen Vanillins sich zwischen 6 und 12 M. für das Gramm bewegte. Derartige Preise liessen die synthetische Darstellung allerdings als sehr aussichtsvoll erscheinen!

Mit einem Umstande hatten freilich die jungen Schöpfer einer neuen Industrie nicht genügend gerechnet, welcher ihnen später noch viel zu schaffen machen sollte. Es ist dies das Vorurtheil der Consumenten einer Drogue gegen die synthetische Form des darin enthaltenen wirksamen Princips, ein Vorurtheil, welches namentlich dann schwer zu überwinden ist, wenn sich ein gewisses Gleichgewicht zwischen der Weltproduction und dem Weltconsum einer solchen Drogue eingestellt hat. Der Verfasser dieser Skizze erinnert sich sehr wohl der überraschenden Mittheilungen, welche ihm im Anfang der achtziger Jahre über diesen Gegenstand von Hrn. G. de L a i r e in Paris gemacht worden. Damals hatten die Vanillinfabriken die Situation völlig erkannt. Es hatte sich gezeigt, dass der Verbrauch an Vanillin sich kaum steigern liess, weil dieser Duftstoff nur den Bewohner kälterer Länder angenehm erscheint, während er in heissen Klimaten verschmäht wird. Für den vorhandenen Bedarf aber erschien die Production an Vanille ausreichend, und die an Benutzung der Schoten gewöhnten Consumenten beharrten vielfach auf ihrer Ansicht, dass die natürliche Vanille besser sei, als das künstliche Vanillin. Gegen derartige Vorurtheile wandten sich T i e m a n n und H a a r m a n n in einer neuen Abhandlung [1876], in welcher sie namentlich die Frage zu beantworten suchten, ob in der natürlichen Vanille ausser dem Vanillin auch noch andere Duft- und Würzstoffe vorhanden seien. Dies konnten sie für die wirkliche Vanille verneinen, nur in dem von einer anderen Pflanze stammenden, aus Westindien importirten, sogenannten Vanillon konnten sie neben Vanillin etwas Benzaldehyd entdecken...

In der 190 Veröffentlichungen umfassenden Liste der Veröffentlichungen von TIEMANN sind zahlreiche weitere Aromastoffe zu entdecken, die nach und nach auch in die Produktion der Riechstoff-Industrie Eingang fanden – so u.a.:

CUMARIN (1877 – mit Herzfeld: „Zur Synthese des Cumarins aus Salicylaldehyd),
SALICYLALDEHYD (durch Erhitzen von Phenol und Chloroform in wässrigen Alkalien: REIMER-TIEMANN-Reaktion)
PINEN (mit Semmler 1895),
LINALOOL und GERANIOL (mit Semmler 1895),
CAMPHER (1897),
α- und β-IONON (1895/1898); VEILCHENKETONE (1898) und andere mehr.

(Friedrich Wilhelm SEMMLER (1860-1931, Hauptarbeitsgebiet ätherische Öle; ab 1909 o. Prof. für organ. Chemie, TH Breslau)

6. Gründung der Vanillin-Zweigfabrik mit Georges de LAIRE in Paris

Fortsetzung des *Lebensbildes* von TIEMANN:

Aber noch ehe diese misslichen Erfahrungen sich fühlbar machten, waren der neu geschaffenen Industrie neue Bundesgenossen erwachsen. Vermuthlich war es A.W. H o f-m a n n, welcher zuerst darauf hinwies, dass Frankreich die eigentliche Heimath der Gewinnung und Verarbeitung von Duftstoffen sei. Jedenfalls verlangte das französiche Patent-gesetz, dass das in Frankreich genommene Patent auch im Lande ausgeführt werde [s. dazu die zitierte Mitteilung von Hofmann in der Einleitung]. *1875* (reiste Tiemann) *zum zweiten Male nach Frankreich, diesmal nicht als Feind, sondern auf der Suche nach neuen Freunden, zu welchem Zwecke ihn H o f m a n n mit Empfehlungen an seinen alten Freund C a h o u r s und an viele andere französische Chemiker reichlich ausgerüstet hatte.*

EXKURS: Auguste André Thomas CAHOURS
CAHOURS (1813-1891) wurde als Sohn eines Schneiders in Paris geboren, studierte 1833-1835 an der École Poly-technique in Paris und wurde zunächst Stabsoffizier. 1836 jedoch nahm er eine Stelle als Präparator am Museum für Naturgeschichte an, wurde 1845 Professor der Chemie an der École Polytechnique und an der École Centrale des Arts et Manufactures. 1853 wurde er Münzwardein sowie Direktor der staatlichen französischen Münzprägeanstalt und ab 1851 war er auch Mitarbeiter von Jean-Baptiste DUMAS (1800-1884) an der Sorbonne. Er zählt zu den bedeutenden Chemikern auf organischem Gebiet, isolierte aus den

Produkten der trockenen Holzdestillation Toluol und Xylol, entdeckte die Anissäure und das Anisol, isolierte Cymol und Cuminol aus Kümmelöl und beschäftigte sich mit ätherischen Ölen. 1845 isolierte er auch Anisaldehyd. Somit war CAHOURS ein idealer Ansprechpartner auch für TIEMANN.

Foto von Auguste André Thomas CAHOURS

Etwa um dieselbe Zeit hatte G e o r g e s   d e   L a i r e, der sich bis dahin in Gemeinschaft mit seinem Freunde C h a r l e s   G i r a r d der Fabrication künstlicher Farbstoffe befleissigte hatte, den Entschluss gefasst, sich nach einer anderen Thätigkeit umzusehen.

Georges de LAIRE

Georges de LAIRE (1836-1908) und
Charles GIRARD (1837-1918)

Die beiden französischen Chemiker arbeiteten ab 1855 zusammen im Privatlaboratorium von Théophile-Jules PELOUZE (1807-1867, Professor der Chemie in Paris). Dort synthetisierten sie u.a. Fuchsin, Fuchsinblau und Fuchsin-violett. Nach 1861 waren beide im Londoner Labor von A. W. Hofmann und ab 1866 in Lyon, wo sie den Farbstoff Diphenyl-aminblau entwickelten. 1872 gründeten sie gemeinsam in Ris-Orangis bei Paris eine eigene Farbstoff-Fabrik, die sie jedoch 1876 wieder verkauften. Mit Ferdinand TIEMANN gründete Georges de LAIRE dann eine Firma zur Produktion von VANILLIN und anderer Riechstoffe.

Im *Lebensbild* von TIEMANN lesen wir weiterhin:

G i r a r d sowohl wie de L a i r e waren in den sechziger Jahren Schüler H o f m a n n's gewesen und hatten sich auf dem Gebiete, dessen Bearbeitung sie unter seinem Einflusse unternommen hatten, ausgezeichnet. Aber die financiellen Erfolge ihrer kleinen Fabrik zu Ris-Orangis bei Paris waren nicht ermuthigend. Es bot sich eine Gelegenheit, diese Fabrik zu verkaufen, sie suchten sich daher neue Wirkungskreise. Den Wünschen de L a i r e's entsprach die von T i e - m a n n vorgeschlagene Fabrication des Vanillins auf das Vollkommenste. So entstand die Pariser Fiema de L a i r e & Co., welche mit dem Holzmindener Unternehmen verbündet blieb und wie dieses unseren Freund T i e m a n n als stillen Gesellschafter und wissenschaftlichen Beirath in sich aufnahm. Die Paris Vanillinfabrik wurde in der Rue St. Charles in der Nähe des Marsfeldes errichtet, wo sich die eine der Fabriken auch noch heute befindet. Aber wo sich jetzt eine stattliche und in dauerndem Betriebe stehende Fabrikanlage erhebt, da fand damals der gelegentliche Besucher häufig verschlossene Thüren. Einen grossen Theil des Jahres zog de L a i r e in den waldreichen Departements von Frankreich umher, um die nöthige Vorräthe an Coniferin zu sammeln, und wenige Wochen genügten, um die heimgebrachte Ausbeute in Vanillin zu verwandeln.

(...)   Um das Bild der französischen Beziehungen T i e - m a n n's zu vollenden, sei noch erwähnt, dass G. de L a i r e im Jahre 1888 seinen Neffen E d g a r d e L a i r e nach Berlin sandte, wo derselbe längere Zeit in T i e m a n n's Laboratorium arbeitete, um dann, nach Paris zurückgekhrt, in die Leitung des Pariser Hauses einzutreten und dieselbe schliesslich ganz zu übernehmen. Auch auf ihn übertrugen sich die

innigen Beziehungen, welche zwischen T i e m a n n und dem älteren G. de L a i r e in jahrelanger gemeinsamer Arbeit entstanden waren.

Während der zweiten Hälfte der siebziger Jahre bemühten sich die Verbündeten von Berlin, Holzminden und Paris, jeder in seiner Weise, das begonnene Werk zum Erfolge zu führen. T i e m a n n's Leitung, welche später reiche Früchte getragen hat, bestand darin, dass er mit grösster Gründlichkeit und zähester Ausdauer das neue erschlossene Gebiet in wissenschaftlicher Hinsicht durchforstete.

Den Nachruf auf Georges de LAIRE verlas im Januar 1909 wie schon bei TIEMANN der damalige Präsident der Deutschen Chemie Gesellschaft O.N. WITT (Chem. Ber. 34, (1909), 3-5):

„Am 19. November v. J. starb auf seinem Schlosse Lanmary in der Dordogne im Alter von 72 Jahren

GEORGES DE LAIRE,

dem wir das seltene Verdienst nachrühmen können, in zwei der glänzendsten industriellen Neuschöpfungen der synthetischen Chemie als Pfadfinder und Bahnbrecher mit Erfolg gewirkt zu haben.

G e o r g e s   d e   L a i r e entstammte einer alte französischen Adelsfamilie. Seine chemische Studien absolvierte er zu Paris hauptsächlich unter P e r s o z [Jean-Francois P. (1805-1868)], aus dessen Schule so mancher tüchtige Industrielle hervorgegangen ist. Hier schloß er auch die Freundschaft mit C h a r l e s   G i r a r d, mit dem er lange Jahre seines Lebens in aller chemischen Arbeit eng verbunden war. Beide jungen Leute fühlten sich mächtig angezogen durch die gerade damals in Frankreich neu begründete Industrie der künstlichen Farbstoffe..."

7. Karl REIMER
als Compagnon der Fa. HAARMANN & REIMER

Im Laboratorium von HAARMANN & REIMER (um 1878)

In der Sitzung der Deutschen Chemischen Gesellschaft vom 22. Januar 1883 würdigte dessen Präsident Professor August Wilhelm von HOFMANN den Tod von Karl REIMER.

Der Nachruf wurde in den Berichten der Deutschen Chemischen Gesellschaft veröffentlicht, woraus die gekürzte Fassung stammt.

Karl Reimer, am 25. December 1845 in Leipzig geboren, entstammte der berühmten Buchhändlerfamilie dieses Namens. Sein Grossvater G e o r g R e i m e r (aus Greifswald gebürtig), der Gründer des grossen, noch heute bestehenden Buchhändlergeschäftes in Berlin, war ein in weitesten Kreisen angesehener Mann. Er hatte als Officier in den Freiheitskriegen mitgefochten und war auf diese Weise mit S c h a r n h o r s t, G n e i s e n a u und anderen militärischen Koryphäen der Zeit in Verbindung getreten. Sein Haus, - das heutige Haus-

93

ministerium in der Wilhelmstrasse, - war der Sammelplatz vieler ausgezeichneter Zeitgenossen, unter denen F i c h t e und S c h l e i e r m a c h e r besonders zu nennen sind. Auch mit E r n s t M o r i t z A r n d t stand er in freundschaftlichem Verhältnisse und theilte das Schicksal des Letzteren, ob seiner freisinnigen Meinungen in der traurigen Periode der Angst vor dem Demagogenthum mancherlei Unbill zu erfahren. G e o r g R e i m e r's ältester Sohn K a r l A u g u s t war der Vater unseres Vereinsgenossen. Gleichfalls Buchhändler, hatte dieser umsichtige und an vielen literarischen Unternehmungen be-theiligte Mann das W e i d m a n n'sche Geschäft in Leipzig erworben, welches er im Jahre 1854 nach Berlin verlegte.

Karl Reimer erhielt daher seine Ausbildung vorzugs-weise in Berlin, und zwar auf dem hiesigen Friedrichs-Gymnasium, dessen Director A. K r e c h [1803-1869, Gründungsdirektor des Friedrichs-Gymnasiums von 1850, Friedrichstr. 126 – heute Ullstein-Verlag], *ein vertrauter Freund des Vaters war. Als solcher bewährte er sich auch nach dem frühen Tod des Letzteren, indem er sich in liebevollster Weise an der Erziehung des Knaben und seines jüngeren Bruders betheiligte. Nach Beendigung seiner Gymnasialstudien im Frühjahr 1865 bezog K a r l R e i m e r die Universität. Schon frühzeitig hatte sich bei ihm eine Vorliebe für die naturwissenschaftlichen Disciplinen entwickelt, so dass er alsbald, ohne lange zu suchen, seine ganze Kraft den chemischen Fächern zuzuwenden vermochte. Er studirte in Göttingen, ging aber im Herbst nach Greifswald, wo er als Einjährig-Freiwilliger in das Pommersche Jägerbataillon No. II eintrat. Als Pommerscher Jäger zog er 1866 mit in den Krieg* [Krieg Preußens gegen Österreich und Deutschen Bund]. *Der böhmische Feldzug sollte unserem Freunde verhängnisvoll werden. Wohl war er aus dem Gefecht bei Potkost und aus der*

94

Schlacht von Königgrätz [am Oberlauf der Elbe, heute Tschechien, am 3. Juli 1866], *wo er im dichtesten Kugelregen gestanden hatte, unversehrt hervorgegangen, aber es war ihm gleichwohl nicht vergönnt, mit der siegreichen Armee in die Heimath zurückzukehren. Schon bald nach dem Tage von Königgrätz wurde er von einer furchtbaren Seuche ergriffen, welche verheerender als die feindlichen Kugeln die Reihen unseres Heeres gelichtet hat. Krank nach Brelin zurückgebracht, erholte er sich langsam unter der sorgfältigen Pflege der Mutter, allein die so kräftig angelegte Natur hatte einen Stoss erlitten, von dem sie sich eigentlich nie wieder ganz erholt hat. Indessen konnte K a r l R e i m e r doch schon bald seine Studien wieder aufnehmen, zunächst in Greifswald, dann in Heidelberg, endlich in Berlin. Im Jahre 1870 wurden diese Studien von Neuem durch den Feldzug nach Frankreich unterbrochen; dem Landwehr-Regiment No. 20 eingereiht, gelangte er mit dem deutschen Heere bis in die Champagne. Nach Berlin zurückgekehrt, vollendete er im hiesigen Laboratorium eine Arbeit >Ueber einige Derivate des Gärungsbutylalkohols<, auf welche hin er am 15. Juli 1871 den philosophischen Doktorgrad erwarb.*

Nach seiner Promotion nahm er die Stellung eines chemischen Assistenten an der Königl. Forst-Akademie in Neustadt-Eberswalde an. Allein sein mit Vorliebe praktischen Aufgaben zugewendeter Sinn hatte ihn längst den Beruf eines technischen Chemikers als den seinen Fähigkeiten und Neigungen am meisten entsprechenden erkennen lassen. Er zögerte daher auch nicht, nachdem er noch kurze Zeit aushilfsweise als Assistent im hiesigen Unterrichts-Laboratorium fungirt hatte, eine ihm gebotene Stellung als Chemiker in der berühmten chemischen Fabrik von C. A. F. K a h l b a u m anzunehmen. Später leitete er eine hiesige Fabrik von Zinn-

*Präparaten, nachdem ihr Begründer T h e o d o r G o l d -
s c h m i d t gestorben war.*

[Carl August Ferdinand KAHLBAUM (1794-1872, „Sprit-
reinigungsanstalt und Likörfabrik" in Berlin. – „Chemische
Fabrik" Theodor GOLDSCHMIDT (1817-1871) ebenfalls in
Berlin.]

*Um diese Zeit, 1875, machte R e i m e r die schöne Ent-
deckung, dass sich bei der Einwirkung von Chloroform auf
Phenol in Gegenwart von Alkalien Salicylaldehyd erzeugt.*
[Gemeinsam mit Tiemann unter dem Titel „Ueber die
Einwirkung von Chloroform auf Phenole und besonders
aromatische Oxysäuren in alkalischer Lösung" 1876 in den
Chem. Berichten publiziert – heute als *Reimer-Tiemann-
Synthese* bezeichnet.] *Er hat diese Entdeckung in erster Linie
unserer Gesellschaft mitgetheilt, und Viele von uns werden sich
der anspruchslosen Form erinnern, in welcher er damals von
seiner wichtigen Beobachtung Mittheilung machte. Das Verhalten des Phenols zum Chloroform war bereits von
verschiedenen Seiten Gegenstand der Untersuchung gewesen,
aber, merkwürdig genug, dieser neue Bildungsprozess, das
Prototyp von Hunderten ähnlicher Umbildungen, war ganz und
gar unbeachtet geblieben. Die Entdeckung dieser neuen
Bildungsweise des Salicylaldehyds stellte einen höchst
interessanten, aber bis dahin nur schwierig zugänglichen
Körper den Chemikern in beliebiger Menge und zu billigstem
Preise zur Verfügung. Ihre wissenschaftliche und industrielle
Tragweite konnte nicht bezweifelt werden, und R e i m e r, der
sich in seiner damaligen Stellung fast ausschließlich mit an-
organischen Substanzen zu beschäftigen hatte, sah sich plötzlich wieder auf das Gebiet der organischen Verbindungen*

zurückversetzt. In der Absicht, die neu gefundene Bildungs-weise aromatischer Aldehyde technisch zu verwerten, trat K a r l   R e i m e r im Jahre 1876 als Theilhaber in die Vanilinfabrik von Dr. W ilh. H a a r m a n n in Holzminden ein, welche fortan den Namen >H a a r m a n n & R e i m e r< annahm.

Das Leben hatte sich nunmehr für unseren Freund in erfreulicher Weise gestaltet. Er hatte das richtige Fahrwasser gefunden, und ein günstiger Wind schien ihm die Segel zu schwellen. Auch seine seit dem böhmischen Feldzuge noch immer schwankende Gesundheit begann sich zu befestigen. Allein der glücklichen Jahre waren ihm gleichwohl nur wenige beschieden. Die alten Krankheitserscheinungen stellten sich schon bald in vermehrter Heftigkeit wieder ein, so dass er wiederholt genöthigt war, seine Thätigkeit zeitweise zu unterbrechen und endlich 1881 die Stelle als Mitdirigent der Fabrik gänzlich niederzulegen. Längerer Aufenthalt im Süden, namentlich in Montreux und auf der Insel Capri, brachte nur vorübergehende Linderung. Noch einmal, im Anfange des vorigen Jahres, schien sich eine nachhaltige Besserung einzustellen, so dass er schon glaubte seine Arbeiten wieder aufnehmen zu können. Aber als er im vorigen Herbste aus der Schweiz zurückkehrte, war sein Zustand bereits ein hoff-nungsloser; er selber hatte bis zum letzten Augenblicke die Hoffnung der Wiedergenesung behalten.

(...)

In der Wissenschaft ist ihm durch seine schöne Ent-deckung der Aldehydbildung ein bleibendes Andenken ge-sichert. Schon heute hat sich die Bezeichnung >R e i m e r'scher Process< in den Laboratorien eingebürgert,...

A.W. HOFMANN hat in keinem Satz die Zusammenarbeit mit TIEMANN erwähnt. In der Publikationsliste, die sich an das zitierte *Lebensbild* anschließt, ist sein Name jedoch mehrmals genannt. Interessanterweise ist diese Liste mit dem Namen WILHELM KUBEL versehen d. h. von diesem offensichtlich erstellt worden.

An erster Stelle steht jedoch in dieser Liste der Name von TIEMANN. 1876 erschienen außer der bereits genannten Arbeit weitere Publikationen:

Ueber die Einwirkung von Chloroform auf Phenole und besonders aromatische Oxysäuren in alkalischer Lösung

Ueber die Einwirkung von Tetrachlorkohlenstoff auf Phenole in alkalischer Lösung. Bildung von Salicyl- und Paraoxybenzoë-Säure

1877 *Ueber Ortho- und Para-Aldehydsalicylsäure, sowie Orthoaldehydoparaoxybenzoësäure, und die Umwandlung dieser Verbindungen in Phenoldicarbonsäuren.*

1879 *Ueber Umbelliferon und einige seiner Derivate.*

Karl REIMER wird häufig mit *Karl Ludwig Reimer* (1856-1921) verwechselt – auch im „Lexikon bedeutender Chemiker" (W. R. Pötsch, A. Fischer, W. Müller: Hrsg.), Leipzig 1988. Es handelt sich offensichtlich um einen Vetter, der aber in der Kali-Industrie tätig war, zuletzt 1908 als Fabrikdirektor der Kali-Werke Groß-Rhüden bei Seesen am Harz. Auch in der Liste der TIEMANN'schen Publikationen wird REIMER mit den Kürzeln K.L. bzw. C.L. aufgeführt.

8. Der Siegeszug des VANILLINS
bis ins 21. Jahrhundert

In dem zwischen 1870 und 1920 in sieben hohen Auflagen in Leipzig erschienen WARENLEXIKON – nach dem ersten Herausgeber Clemens Merck 1920 als „Merck's Warenlexikon für Handel, Industrie und Gewerbe" bezeichnet, ist in den ersten Auflagen verständlicherweise nur *Vanille* ausführlich beschrieben.

1920 jedoch ist zusätzlich zu lesen:

„**Vanillin** (lat. Vanillinum), der B e s t a n d t e i l d e r V a n i l l e f r ü c h t e, dem diese hauptsächlich, wenngleich nicht allein, ihren feinen Geruch und Geschmack verdanken, kann nach verschiedenen Verfahren auf künstlichem Wege dargestellt werden. Man bereitet es entweder aus dem K a m - b i a l s a f t e der N a d e l h ö l z e r durch Oxydation des in ihm enthaltenen K o n i f e r i n s mittels Kaliumdichromat und verdünnter Schwefelsäure, oder aus dem E u g e n o l des N e l k e n ö l s, dem Harz des Ö l b a u m e s und dem G u a - j a k o l des B u c h e n h o l z t e e r s durch Behandeln mit Chloroform und Ätznatron. V. entsteht so als ein fein-kristallinisches weißes Pulver, das sich schwer in kaltem, leicht in heißem Wasser sowie auch in Alkohol und Äther löst. Es schmilzt bei 80-81° und läßt sich, vorsichtig erhitzt, subli-mieren und in schönen sternförmig gruppierten Kristallnadeln erhalten. (...) Im Kleinhandel wird es gewöhnlich schon mit einer gewissen Menge Zucker vermischt zum Verkauf gebracht (V a n i l i n z u c k e r). Auch sind während des Krieges Mischungen von Kochsalz mit etwa 1 % V. als V a n i l i n s a l z in den Handel gelangt. Trotz seines feinen und starken Vanille-geruches kann es die Vanille doch nur zum Teil ersetzen, da außer dem V. und der V a n i l l i n s ä u r e auch noch ein

99

aromatisches Harz an dem Geruch und Geschmack der Vanille Anteil haben…"

Lina MORGENSTERN und ihre Vanillin-Kochbücher

Lina Morgenstern (geb. Bauer, 1830-1909) war eine Frauenrechtlerin und Schriftstellerin. Nach den Gesetzen des jüdischen Glaubens erzogen, gründete sie 1848 den *Pfennigverein zur Unterstützung armer Schulkinder.* Seit 1854 mit Theodor Morgenstern verheiratet, begann sie aufgrund finanzieller Schwierigkeiten ihres Mannes ab 1857 zunächst Kinderbücher zu schreiben. Nach ihrem Aufruf im Vorfeld des Preußisch-Österreichischen Krieges 1866 zur *Begründung von Volksküchen in Berlin* wurde die erste dieser Küchen am 4. Juli 1866 nach der Gründung eines Vereins in Berlin eröffnet. Aus ihrem 1868 erstmals veröffentlichten Buch über die Volksküchen mit Rezepten entstand das *Ilusstrirte Universal-Kochbuch.*

Von Wilhelm HAARMANN erhielt sie den Auftrag, auch ein Kochbuch   zur Verwendung des Vanillins zu verfassen. Mehrere Ausgaben erschienen dann (ohne Jahresangabe) zwischen 1900 und 1910 – s.o.

In der Einleitung ist zu lesen:
„Für denkende Hausfrauen. Die Vanille ist eines der feinsten, wohlschmeckendsten und aromareichsten Gewürze, weshalb die feinere Kochkunst sie auf die mannigfaltigste Art verwendet. In der bürgerlichen Küche hat sich die Vanille dagegen noch kein Heimathrecht erworben, trotzdem sie der einfachsten Milchsuppe und dem billigsten Gebäck Reiz verleiht... Nicht, dass wir in unserem Klima die fertigen Vanille-Schoten pflügen können, aber durch die bedeutende Erfindung zweier deutscher Forscher, des Dr. W. Haarmann in Holzminden und des Professors Dr. Ferd. Tiemann an der kgl.

Universität in Berlin, lässt sich der Körper, welcher allein das Aroma in der Vanille-Schote bewirkt, künstlich aus leicht zugänglichen Naturstoffen hervorrufen, Was uns die spröde Natur in unseren Breitengarden versagt hat, das ringt ihr in heissem Drang nach Erkenntnis der Forscher ab... In der weichen Maasse, die sich zwischen Rinde und Stamm unserer Tannen im Frühjahr abscheidet, wurde ein farb- und geruchloser Körper entdeckt, das Coniferin. Derselbe ward der erste Ausgangpunkt zur künstlichen Herstellung des Vanillin."

Werbemarke – Vanillin-Zucker von Dr. Oetker seit 1894 (bis heute)

VANILLIN (zu lebensmittelrechtlich zu unterscheiden von *Vanille*) wird von dem Lebensmittelchemiker Udo POLLMER in seinem „Zusatzstoffe von A bis Z" (Deutsches Zusatzstoffmuseum, Hamburg 2014) wie folgt beschrieben:
„Natürliches Vorkommen in der Vanilleschote, die Kapselfrucht einer Orichidee (*Vanilla plantifolia*). Früher wurde ‚naturidentisches' Vanillin aus den Sulfitablaugen hergestellt, die bei der Zellstoffgewinnung anfielen. Heute gewinnen bio-

und gentechnologische Verfahren an Bedeutung, um das Resultat als ‚natürliches Aroma' zu deklarieren. Als Ausgangsstoff dienen z.b. andere Aromen wie Eugenol, die in großer Menge billig zur Verfügung stehen..." (womit wir wieder bei der historischen Synthese – nach dem Stand von heute – von TIEMANN aus Eugenol, im Nelkenöl reichlich vorhanden, angelangt sind):

Darstellung

5.8.4.1 Als Ausgangspunkt dient vornehmlich *Eugenol*, das aus dem Gewürznelkenöl (*Eugenia caryophyllata* = *Syzygium aromaticum*) gewonnen wird. Es *isomerisiert* sich unter dem Einfluß von Alkalien zu *Isoeugenol*, dessen C=C-Doppelbindung in der Seitenkette nunmehr mit den Doppelbindungen des Benzolringes in Konjugation steht (**Allyl-Propenyl-Umlagerung**). Bei der Oxidation von Isoeugenol mit *Ozon* entsteht Vanillin (Ausbeute 84%):

Eugenol ——(KOH)—→ Isoeugenol ——(O₃)—→ Vanillin

Aus: BEYER/WALTER: Lehrbuch der Organischen Chemie, 22. Aufl., Hirzel, Stuttgart 1991) – Anstelle von Ozon (O₃) wurde auch Kaliumpermanganat als Oxidationsmittel verwendet.

RÜCKBLICK auf die HISTORIE – weitere erfolgreiche Vanillinsynthesen von REIMER:

1876 aus Guajacol (Umsetzung Chloroform und Natronlauge: Reimer-Tiemann-Synthese)

1879 aus Eugenol (im Nelkenöl) – nach Veresterung der OH-Gruppe mit Essigsäureanhydrid.

9. Vanillin in ethanolischen Holzextrakten – aus eigener Forschung in den 1990er Jahren

Anfang der 1990er Jahre haben sich zwei Mitarbeiter von mir – Helga BARAN (als Doktorandin) und Nikolai ZARJOW (als Gastwissenschaftler von der Altai Staatsuniversität in Barnaul, Russland) mit der Analytik ethanolischer Extrakte aus verschiedenen Holzarten beschäftigt.

Aus den Einleitungen der beiden in wissenschaftlichen Zeitschriften publizierten Untersuchungsergebnisse geht jeweils auch die Problem- bzw. Fragestellung hervor. Sie werden im Folgenden jeweils auszugsweise zitiert.

EINLEITUNG (Helga Baran und Georg Schwedt: *HPLC-Analytik von ethanolischen Eichenholzextrakten mit UV-, Fluoreszenz- und amperometrischer Detektion*, Zeitschrift für Lebensmittel-Untersuchung und –Forschung, 196 (1993), 370-374):

„Der Reifungsprozeß hochwertiger Weinbrände und Spirituosen wird in Holzfässern vollzogen. Am häufigsten werden zu diesem Zweck, wegen der mechanischen und organoleptischen Eigenschaften, Fässer aus Eichenholz verwendet. Während der Lagerung lösen sich aus dem Holz verschiedene Substanzen, die im Laufe der Zeit abgebaut werden. Diese Substanzen sind für die Geschmacks- und Aromanote des Finalprodukts verantwortlich. Die Herkunft des Holzes und seine Vorbehandlung tragen entscheidend zu den Unterschieden zwischen den alkoholischen Getränken bei. Als traditionelle Vorbehandlungsmethode gilt nach wie vor das Abflammen, das zu einer thermischen Degradation der inneren Faßoberfläche führt und so die Elution der Eichen-holzkomponenten in das alkoholische Getränk erleichtert.

In Untersuchungen, die die Extraktion der Eichenholz-Inhaltsstoffe durch ethanolische Getränke verfolgten, wurde gezeigt, daß sie zu über 90% aus hydrolisierbaren Gerbstoffen sowie Lignin-Abbauprodukten bestehen. Die restlichen 10% bilden vor allem die durch Polymerisation elementarer Moleküle entstandenen kondensierten Gerbstoffe, die entweder zu den Flavan-3-olen (Catechine) oder Flavan-3,4-dienen (Leucoanthocyanidine) zählen.

Lignin ist die bedeutendste Holzkomponente für die Reifung von Edelbränden. Die Hauptabbauprodukte des Lignins bilden Phenole sowie phenolische und polyphenolische Benzoesäure- und Zimstäure-Derivate). Unter diesen Verbindungen sind es vor allem die Aldehyde wie Vanillin oder Syringaaldehyd, die zu den sensorischen Aspeten der alkoholischen Getränke betragen."

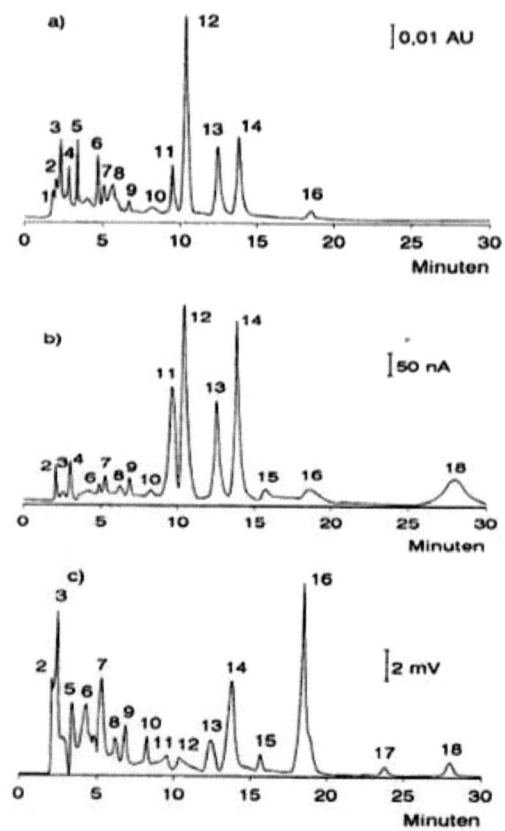

Die Abbildung zeigt Trennungen der Stoffe eines ethanolischen Extraktes aus einem durch Abflammen vorbehandelten Eichenholzes mit Hilfe der Flüssig-Chromatographie an einer sogenannten Phasenumkehr-Trennsäule mit Teilchen kleiner Korngröße (5 µm) – als HPLC (high performance liquid chromatography) bezeichnet. Zur Detektion der getrennten Substanzen wurden unterschiedliche Detektoren verwendet:
a) UV-Detektor (280 nm), b) elektrochemischer Detektor, c) Fluoreszenz-Detektor (Anregung 326 nm, Emission 452 nm).

Mit Hilfe der leistungsfähigen Trennmethoden und zusätzlich durch die Aufnahme von UV-Spektren (mit einem Photo-diodenarray-Detektion, dessen Wellenlänge während der Trennung die Aufnahme eines Spektrums ermöglicht), konnten 15 der 18 Signale eindeutig Substanzen zugeordnet werden.

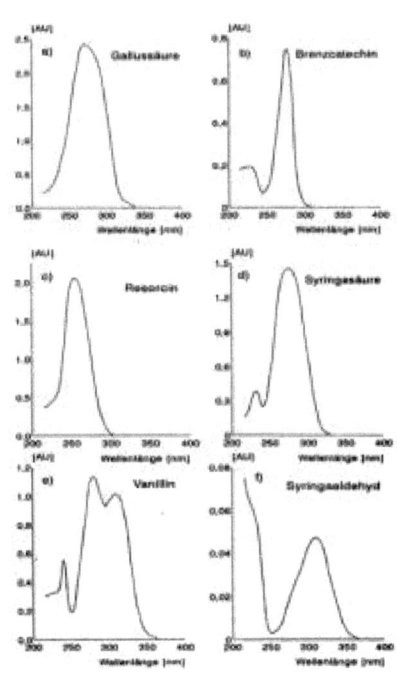

Signal Nr.	Identifiziert als
1,2	nicht identifiziert
3	Gallussäure
4	Hydrochinon
5	Protocatechusäure
6	Resorcin
7	Protocatechualdehyd
8	Catechin

9	Brenzcatechin
10	4-Hydroxybenzaldehyd
11	Vanillinsäure
12	Syringasäure
13	VANILLIN
14	Syringaaldehyd
15	p-Cumarsäure
16	Scopoletin
17	Ferulasäure
18	Salicylsäure

Die identifizierten Inhaltsstoffe des ethanolischen Extraktes lassen sich fast alle von dem in der Tabelle (folgende Seite) abgebildeten Grundmolekül (dem BENZOLRING) ableiten – sie unterscheiden sich nur in den Seitengruppen.

Die Analysen verdeutlichen die Vielfalt an aromatischen Inhaltsstoffen – die Signale 12, 13 und 14 sind nicht nur am höchsten, sondern sie verdeutlichen auch, dass VANILLIN (13), SYRINGASÄURE (12) und SYRINGAALDEHYD (14) die höchsten Konzentrationen – hier im Bereich einiger Milligramme (bis um 10 mg) je Liter – unter den 15 identifizierten Substanzen aufweisen.

R$_1$	R$_2$	R$_3$	R$_4$	R$_5$	
OH	OH	H	H	H	1,2-Dihydroxy-benzol (Brenzcatechin)
OH	H	OH	H	H	1,3-Dihydroxy-benzol (Resorcin)
OH	H	H	OH	H	1,4-Dihydroxy-benzol (Hydrochinon)
CHO	H	H	OH	H	4-Hydroxy-benzaldehyd
COOH	H	OH	OH	OH	3,4,5-Trihydroxy-benzoesäure (Gallussäure)
COOH	H	OCH$_3$	OH	H	4-Hydroxy-3-methoxy-benzoesäure (Vanillinsäure)
COOH	H	OCH$_3$	OH	OCH$_3$	3,5-Dimethoxy-4-hydroxy-benzoesäure (Syringasäure)
COOH	OH	H	H	H	2-Hydroxy-benzoesäure (Salicylsäure)
COOH	H	OH	OH	H	3,4-Dihydroxy-benzoesäure (Protocatechusäure)
CHO	H	OCH$_3$	OH	H	4-Hydroxy-3-methoxy-benzaldehyd (Vanillin)
CHO	H	OCH$_3$	OH	OCH$_3$	3,5-Dimethoxy-4-hydroxy-benzaldehyd (Syringaaldehyd)
CHO	H	OH	OH	H	3,4-Dihydroxy-benzaldehyd (Protocatechualdehyd)
CH=CHCOOH	H	H	OH	H	4-Hydroxy-zimtsäure (p-Cumarsäure)
CH=CHCOOH	H	OCH$_3$	OH	H	4-Hydroxy-3-methoxy-zimtsäure (Ferulasäure)

Die zweite Arbeit, durchgeführt vom Dozenten Dr. Nikolai ZARJOW aus dem Institut für Organische Chemie der Altai Staatsuniversität in Barnaul (Russland), beinhaltete die *Charakterisierung von Holzarten mittels HPLC-Analyse ethanolischer Extrakte* (Journal für praktische Chemie/ Chemiker-Zeitung 337 (1995), 99-103).

„Phenolische Carbonsäuren und deren Derivate sind unter den Pflanzenspezies eine weit verbreitete Klasse aromatischer Verbindungen. Sie kommen in freier Form oder auch als Glycoside bzw. Ester in allen Pflanzenorganen vor und haben einen Enfluß auf das Wachstum sowie das Geschmacks- und Geruchsbild von Pflanzen. Phenolische Verbindungen spielen eine erhebliche Rolle auch im Bereich der Weinforschung. Anhand der phenolischen Inhaltsstoffe ist eine Charakterisierung von Reb- und Weinsorten möglich. In Untersuchungen zur Extraktion von Eicheholzkomponenten durch ethanolische Lösungen wurde gezeigt, daß die Extrakte zu über 90% aus hydrolysierbaren Gerbstoffen sowie phenolischen und polyphenolischen Lignin-Abbauprodukten bestehen. Unter diesen Verbindungen sind es vor allem die Aldehyde wie Vanillin oder Syringaaldehyd sowie phenolische und polyphenolische Benzoesäure- und Zimstsäurederivate, die zu den sensorischen Eigenschaften der alkoholischen Getränke beitragen. Für die Reifung von Edelbränden in Fässern werden Eichenhölzer mit Lignin-Gehalten zwischen 20 und 24 % verwendet. In dieser Arbeit wurden (...) verschiedene Holzarten untersucht. Die Charakterisierung der Holzarten sowie das Abbauverhalten von Ligninen unter dem Einfluß von Temperatur (Vorbehandlung des Holzes durch Abflammen) und Säure (Hydrolyse mit Trifluoressigsäure) standen dabei im Vordergrund.

8 Substanzen konnten identifiziert werden:
1 Gallusssäure – 2 Protocatechusäure – 3 Protocatechualdehyd – 4 Hydroxybenzaldehyd – 5 Vanillinsäure – 6 VANILLIN – 7 p-Cumarsäure – 8 Ferulasäure

„Die ethanolischen Holzextrakte wurden innerhalb von 72 Stunden bei 60 °C erhalten. (...)

„Lignin [zur Struktur s. folgende Seite] ist ein hochmolekularer aromatischer Stoff und bestimmt neben Cellulose und Hemicellulose den Aufbau des Holzes. Lignin wird zwischen die Cellulosemikrofibrillen in die Zellwand eingelagert. Die Makromoleküle des Lignins sind aus Phenylpropan-Einheiten aufgebaut, wobei die Phenylgruppen mit ein (Guajacol-Typ) bis zwei (Syringyl-Typ) Methoxygruppen und die Propanseitenkette mit Hydroxylgruppen substitutiert sein können. Die einzelnen Bausteine sind vorwiegend über Etherbrücken, daneben auch direkt über Kohlenstoffatome miteinander verknüpft. Der Ligningehalte des Holzes schwankt durchschnittlich zwischen 25 und 30 % des Trockengewichts. Im allgemeinen wird bei Nadelhölzern mehr Lignin eingelagert als bei Laubhölzern"

Struktur (Aufbau) des LIGNINS – (Bausteine des Vanillins erkennbar - unten in der Struktur beispielsweise rechts)

„Man nimmt an, daß Lignin einen geschichteten Aufbau besitzt. Phenolische Gruppen des Lignins sind mit funktionellen Gruppen von Kohlenhydraten verbunden. Die Frage, inwieweit Lignin chemisch mit der Cellulose oder Hemicellulose verknüpft ist, gehört allerdings noch zu den umstrittesten Problemen der Holzchemie. Im allgemeinen ist man der Ansicht, daß aufgrund der Inkrustierungschemie des Lignins zwar viele Reaktionen zwischen Cellulose und Lignin allein anhand der mechanischen Fixierung des Lignins im Cellulosegerüst zu erklären sind, es andererseits aber auch genügend gesicherte Hinweise auf eine Kohlenhydrat-Lignin-Verknüpfung gibt.

(...)"

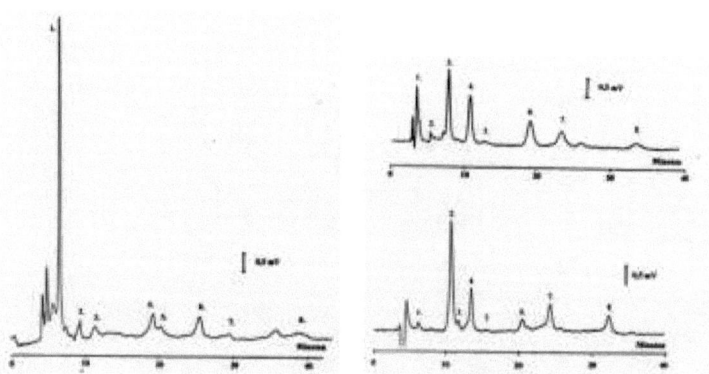

HPLC-Chromatogramme (wie oben) mit elektrochemischer Detektion
Links: Eichenholzextrakt, rechts (oben): Buche, (unten): Lärche
Signal (Peak) 6 jeweils VANILLIN

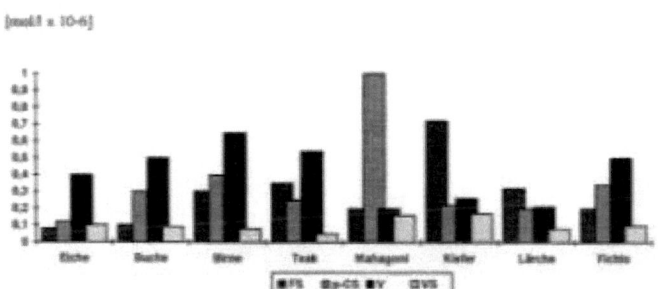

Konzentration

[mol/l x 10-6]

FS: Ferulasäure – pCS: p-Cumarsäure – V: VANILLIN – VS: Vnaillinsäure

(...) In den Laubholzextrakten wurden höhere Gallussäurekonzen-trationen als in den Nadelholzextrakten gefunden. [Signal 1] (...)

Das Lignin der Nadelhölzer und Laubhölzer ist unterschiedlich aufgebaut. Als Ausgangssubstanz für die Ligninbildung dient bei den Nadelhölzern ausschließlich der Coniferylalkohol. (...)

Einige Eichenholzproben wurden vor der Extraktion auch geflammt, d.h. thermisch behandelt, bzw. mit Trifluoressigsäure (TFA) hydrolysiert. In der Abbildung sind die Ergebnisse der quantitativen Analysen in den anschließend gewonnen Extrakten dargestellt. Sie zeigen, daß das abgeflammt Eichenholz im Extrakt erhöhte Gehalt der bestimmten Substanzen aufweist.(...)"

VANILLIN weist in den Holz-Extrakten aus Eiche, Buche und Birne die höchsten Gehalte auf (s. Abb. vorige Seite).

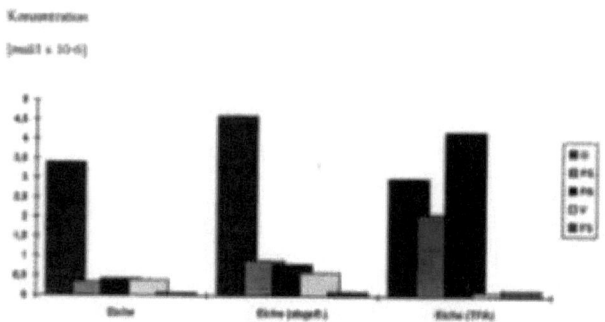

G. Gallussäure – PS: Protocatechussäure – PA: Protocatechualdehyd – V: Vanillin – FS: Ferulsäure

Nach der Behandlung von Eichenholz steigen die Gehalte an VANILLIN am stärksten nach der Säurebehandlung an.

„Nach einer längeren Säurebehandlung von mehr als 12 Stunden verringern sich jedoch die Konzentrationen aufgrund der dabei ablaufenden Kondensationsprozesse." – ein Vorgang, den auch schon TIEMANN und HAARMANN 120 Jahre zuvor beobachtet hatten!

10. Ein Besuch in Holzminden im Sommer 2017 –
Auf den Spuren *der Düfte und Aromen*

Seit 2003 nennt sich Holzminden an der Weser **Stadt der Düfte und Aromen**. Die wechselvolle Geschichte beginnt um 1200 (1245) Stadtrechtsbestätigung) mit den Grafen von EVERSTEIN, welche die Siedlung an der Weser neben ihrer Burg gründeten. Ab 1408 gehörte die Stadt den Welfen, vom frühen 16. Jahrhundert an den Herzögen von Braunschweig (Linie Wolfenbüttel), ab 1815 zum Herzogtum Braunschweig, von 1918 bis 1941 zum Freistaat Braunschweig und nach dem Zweiten Weltkrieg zum Bundesland Niedersachsen.

Holzminden ist auch eine RAABE-Stadt – mit einem Raabe-Brunnen. Der Dichter Wilhelm Raabe (1831-1910) lebte in seiner Kindheit bis 1842 in Holzminden und trat vor dem Umzug seiner Familie auch noch in das Gymnasium ein.

Stationen des Rundgangs
(in Klammern Nr. des *Duftenden Stadtrundgangs*):
Haarmannplatz (Baugewerkschule/heute Fachhochschule) (2 und 1) – durch die Oberbachstraße zum Torhaus Katzensprung (Stadtmuseum) (12) – weiter zum Raabe-Brunnen (10) – durch die Unterbachstraße bis Im Kolk und Raabe-Haus (9) – durch die Kirchstraße bis zur Lutherkirche (8) – rechts in die Weserstraße bis zum Duftgarten & Alten Gymnasium (7) – von dort über die Uferstraße bis Steinhof zum Alten Pfarrhaus & Weserbrücke (6) – und von dort abschließend durch die Johannisstraße zum Markt (14).

Über die Familie HAARMANN in Holzminden
Wir beginnen unseren Rundgang – mit Berücksichtigung auch historischer Gebäude – an der als Baugewerkschule von einem

Onkel Haarmanns – von Friedrich Ludwig HAARMANN (1798-1864) ab 1830 begründeten Lehranstalt.

Der Vater von Friedrich Ludwig Haarman und von Heinrich Wilhelm Haarmann (1802-1884;, Kaufmann und Steinbruchbesitzer, Zolloberkommissär – Vater von Wilhelm Haarmann) war Johann Christoph Haarmann (1762-1842), Oberförster bis 1813, nach dem Ende des Königreichs Westphalen (unter Napoleons Bruder Jérôme) 1814 Gründer einer Steingutfabrik, die später in eine Topffabrik umgewandelt wurde. 1817 wurde er als Kammerbaumeister angestellt. Er war seit 1797 mit Johanna Friederike Auguste Klingemann, der Tochter eines Kaufmanns aus Stadtoldendorf verheiratet. Friedrich Ludwig H. war das erste Kind dieser Ehe.

Haarmann-Denkmal
(links vom Hauptgebäude der Fachhochschule im Park)
116

Friedrich Ludwig Haarmann (1798-1864) studierte ab 1816 in Göttingen u.a. Chemie, Mineralogie, auch Mathematik, Geometrie und Technologie – im Hinblick auf die Fabrikanlage seines Vaters. Er wurde Kreisbaumeister und Gründer der ersten deutschen Baugwerkschule. (Ausführliche Informationen in Wolfram Grohs: Auf den Spuren der Familien Haarmann in der weiteren Region Holzminden: ein Beitrag zur Stadtgeschichte in lexikalischer Form, Holzminden 2014)

Aus der Baugewerkschule entwickelte sich die heutige Fachhochschule HAWK Hochschule für angewandte Wissenschaft und Kunst Hildesheim/Holzminden/Göttingen). Der Grundstein wurde am 25. April 1898 gelegt. Das Gebäude brannte 1945 aus und wurde in einer schlichten Form wieder aufgebaut.

In der Fassade befinden sich zwei überlebensgroße Figuren eines Zimmermannes und eines Maurers. Sehenswert ist der lichtdurchflutete Innenhof mit umlaufenden Gängen in allen Stockwerken. Vor diesem Gebäude befindet sich eine Stele (Nr. 2), aus welcher der Geruch des VANILLINS entströmt.

Duftstele VANILLIN (oben rechts der Kopf am Rohr kann angehoben werden,
durch ein Netz wird der Geruch wahrnehmbar)

An der Straße *Böntalstraße*/Ecke *Neue Straße* (links vom Hauptgebäude der Fachhhochschule) befindet sich auf der linken Straßenseite das *Katasteramt Holzminden*. Dort verrät uns eine Tafel, dass diese Gebäude 1769 vom Tabak-fabrikanten Georg Davin erbaut und 1838 durch das Herzogl. Braunschweig-Lüneburgische Staatsministerium erworben und dort die *Baugewerksschule* 1838 unter F. L. Haarmann eingerichtet worden sei.

Auf der gegenüberliegenden Straßenseite steht die Sandstein-skulptur *„Stadt der Düfte und Aromen"* (eine überdimensionale Nase) mit dem Duft „Ouverture" (Nr. 1) – diese Duftkomposition kann in kleinen Fläschchen beim Stadmarketing Holzminden (am Markt) erworben werden.

Sandstein-Skulptur DIE NASE – im Hintergrund (helles Schild) die Stele Nr. 1 (Duft „Ouverture")

An der Straße Katzensprung erreichen wir das Torhaus mit dem 2016 neu eröffneten *Stadtmuseum*. 1921 wurde ein an dieser Stelle stehendes Haus abgerissen, um einen Verbindungsweg zur Neuen Straße zu ermöglichen. Um neue Wohnungen zu schaffen, wurde der Weg mit einem Torhaus überbrückt. In diesem Gebäude wurde 1926 auch das städtische Heimatmuseum eröffnet. Hier steht heute die Duftstele Nr. 12 mit dem Duft des Weihrauchs. Das jetzige Museum für Industriegeschichte und Kunst zeigt auch eine kleine Duftausstellung und vermittelt die Geschichte des Unternehmens Symrise als Nachfolgerin von Haarmann & Reimer sowie anderer Firmen.

Im Stadtmuseum finden auch „Duft- & Parfum-Seminare" (von K.-H. Bork, Parfumeur-Créateur) (und Wein-Seminare) statt (Auskunft: Stadtmarketing Holzminden).

Weiter durch die Oberbachstraße erreichen wir die Stelle des ehemaligen Niedertores mit dem 1927 errichteten *Raabe-Brunnen* (mit der Figur von Klaus Eckenbrecher, der Romanfigur in der Erzählung „Der heilige Born" (Bad Pyrmont), die wir auch noch am alten Pfarrhaus erwähnen werden). Dort verbreitet die Stele Nr. 10 den Duft von Anis. Das

Niedertor, eines von drei Stadttoren, wurde wegen des Ausbaus der Karlstraße 1767 abgerissen. Heute kennzeichnen zwei Sandsteinpfeiler den Standort und verzeichnen auch einige Daten aus der Stadtgeschichte.

Die Unterbachstraße führt uns zum *Raabe-Haus* am Kolk/Alte Mühle (Kolk für versumpfter Teich). In den Teich mündete der durch Oberbach- und Unterbachstraße fließende Mühlengraben, der die sog. Fetkötersche Mühle antrieb und in die Weser mündete. In der Straße Goldener Winkel Nr. 8 lebte der in Eschershausen geborene Wilhelm Raabe in seiner Kindheit. Aus der Stele Nr. 9 strömt der Duft eines Apfelaromas.

Der Weg zurück in die Altstadt durch die Kirchstraße führt uns zur *Lutherkirche*. Vermutlich befand sich hier, in der Nähe der einstigen Ebersteiner Burg, bereits im 11. Jahrhundert eine Kirche, die mehrere Umbauten erlebte – zuletzt 1898-1900 und im Inneren 1970-1972. 1231 wird sie als St. Marien erstmals genannt. Die heutige zweischiffige Anlage stammt aus dem letzten Viertel des 16. Jahrhunderts. Die Duftstele Nr. 8 verbreitet das Aroma von Salbeiöl – als „heiliger Duft" aus der Bibel.

Wir biegen in Richtung auf die Weser in die Weserstraße ein und erreichen das *Alte Gymnasium* mit dem *Duftgarten.* 1760 ließ Herzog Karl I. (1735-1780) von Braunschweig-Wolfenbüttel die Schule des Klosters Amelungsborn nach Holzminden verlegen – in ein vorhandenes Gebäude, den Mansbergschen Hof. 1826 wurde an dieser Stelle in neues Gebäude eingeweiht, in dem sich bis 1894 das Gymnasium befand. Es handelt sich um einen klassizistischen verputzten Massivbau aus Sollingsandstein. Die Fassade an der Weserseite mit einem übergiebelten Mittelrisalit ist mit einem Arabesken-Fries verziert. Die ehemalige Inschrift DEO ET LITTERIS (Gott und den Wissenschaften) wurde schon um 1900 entfernt. Hier werden auch berühmte Schüler wie der Chemiker Robert Wilhelm BUNSEN (1811-1899) genannt (Plakette an der Hauswand). Auch Wilhelm Haarmann besuchte ab April 1858 bis Oktober 1866 das Gymnasium.

Ausschnitt aus einer Postkarte (vor 1900) – unten heute (Juli 2017)

Von der Uferstraße bis Steinhof führt der Weg zum *Alten Pfarrhaus & Weserbrücke.* Im *Alten Pfarrhaus* spielt auch die Raabe-Erzählung „Der heilige Born" – die Liebesgeschichte zwischen der Pfarrerstochter und Klaus Eckenbrecher). 1662 wurde das ehemalige Querdielenhaus mit zweigeschossiger Utlucht errichtet, Ober- und Dachgeschoss vorkragend, heute teilweise erneuert, vor allem die Giebelfront zur Weser. An die Küche im Pfarrhaus erinnerte der Geruch aus der Stele Nr. 6: Bratzwiebel.

Auf der Tafel rechts vom Toreingang sind Details zur Geschichte dieses Hauses angegeben:

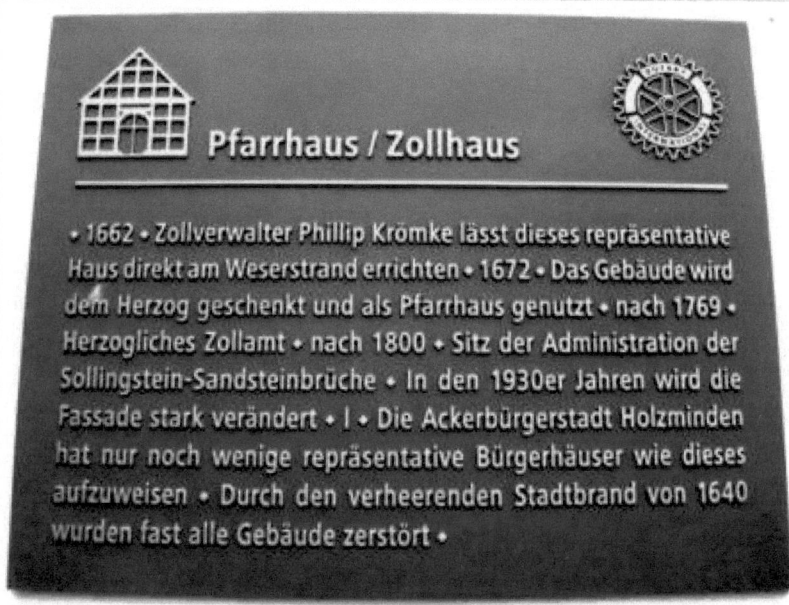

Dieses Haus ist auch das Geburtshaus von Wilhelm HAARMANN.

Gegenüber von diesem Gebäude befindet sich in der ehemaligen Jugendherberge das *Weserhotel Schwager*. Der Turm neben dem Hotel erinnert an die Burganlege der Grafen von Everstein an dieser Stelle.

Blick aus dem Weserhotel auf die Anlage des im vorigen Bild von der
Weserseite gezeigten Pfarr-/Zollhauses und auf die Lutherkirche

Zum Abschluss gehen wir zurück über die Johannisstraße zum Marktplatz. Dort steht die Stele Nr. 14 mit dem Duft von Patchouli. „Die Heimat der Patschouli-Pflanze (...) ist der indische Subkontinent.(...) Das ätherische Öl mit seinem stark durchdringenden, krautig-holzigen Grundgeruch sowie aromatisch-(würzigen, erdig-kampferartigen, balsamigen und sogar süßlich-blumigen Tönen weist auch bakterizide, antirheumatische und insektenabweisende Wirkungen auf."

(Schwedt: Betörende Düfte, sinnliche Aromen, 2008).

Dort befindet sich in der Südostecke auch das Stadtrelief (gegenüber vom Stadtmarketing)– ein Bronzerelief auf einem Sandsteinsockel (aufgestellt anlässlich der 750-Jahrfeier im Jahre 2010).

Im Haus Markt 5 befand sich die von Dr. KUBEL betriebene *Marktapotheke* (heute eine Pizzeria).

Der Marktplatz im 19. Jahrhundert – Apotheke ganz rechts

Die ehemalige Apotheke von Dr. KUBEL heute (2017)
Am Markt

In der ehemaligen Offizin (Vekaufsraum) der Apotheke – der heutigen
Pizzeria (Ristoranto Da Franco),
deren Einrichtung und Raumaufteilung noch an die ursprüngliche Nutzung
erinnern.

(Alle Fotos G. Schwedt, Juli 2017)

Zum Schluss sei aus einem (historischen) Werbegeschenk zitiert, dass ich anlässlich meiner Recherchen zu dem Buch *„Betörende Düfte, sinnliche Aromen"* von der Fa. Symrise in Holzminden erhielt:

„Der Duft der kleinen engen Stadt
Es ist wahrscheinlich, verehrte Leserin beziehungsweise nicht minder hochgeschätzter Leser dieses kleinen Grußes, daß Sie ein Großstädter sind und unser Städtchen mit gewisser, wenn auch wohlwollender, Herablassung betrachten. Das kränkt uns nicht, denn wir sind liberal genug, die Ansichten und Meinungen anderer, vor allem natürlich die unserer Gäste, zu tolerieren. Noch immer wohnen die meisten Bürger unseres Landes in Städten mit weniger als hunderttausend Ein-wohnern. Wir gehören dazu und freuen uns über die vielen Dinge, die unsere Welt ausmachen. Zum Beispiel, daß wir Kreisstadt am Rande eines Mittelgebirges sind und zu den wenigen Orten auf der Welt gehören, die an der Holzminde liegen. Es wäre weit weniger originell, wenn wir nur an der Weser, so schön so auch ist, beheimatet wären.
Im übrigen sind wir uns unsrer ,Bedeutungslosigkeit' natürlich bewußt, weil uns der Airport ebenso fehlt wie der direkte Autobahnanschluß. Es wäre aber übertrieben zu sagen, daß

uns damit Wesentliches fehle. Auch daß niemand auf die Idee kommt, uns als industrielles Ballungszentrum zu bezeichnen, stimmt uns nicht traurig. Obwohl in gewissem Sinne was Wahres dran wäre.

Wenn Sie schon einiges von Holzminden gesehen haben oder noch kennenlernen wollen, mögen Sie Interessantes feststellen. Wir haben uns immer etwas abseits gehalten und uns sieben Jahrhunderte lang mit dem Bau der Kirche befaßt. Keines Domes etwa, sondern nur der Pfarrkirche. Sie ist mit ihrem mächtigen Spitzturm übrigens nicht zu übersehen. Werfen sie ruhig mal einen Blick hinauf – oder auch hinein.
Wenn Sie zufällig am Tillyhaus [mit Stele Nr. 5: Kamille] vorbeikommen, so zeihen Sie uns nicht gleich falscher Bescheidenheit in bezug auf unsere historische Bedeutung. Johann Tserclaes Graf von Tilly wohnte nämlich als gestandener Fünfziger nur einmal in unserem Städtchen, und das war noch lange vor dem Dreißig-jährigen Krieg, in dem der große und eigentich schon pensionsreife Feldherr zu Ruhm und Tode kam.

Man hat bei uns das Pulver also nicht erfunden. Aber ,Pülverchen'.

Und damit kommen wir von den Anfängen der Neuzeit zu jüngeren Vergangenheit, zum späten neuzehnten Jahrhundert, genauer gesagt, in das Jahr 1874.

Der Gelehrte Dr. Wilhelm Haarmann hatte kurz zuvor einen Weg gefunden, um den natürlichen Aromastoff Vanillin – einen Haupt-bestandteil der Vanille – auch synthetisch herzustellen. Er beschloß, diese Entdeckung wirtschaftlich zu nutzen, und gründete eine Firma, die heutige Haarmann & Reimer GmbH. (...) [– bis 2002, ab 2003 SYMRISE]

Daß man damals das Vanillin im Kambialsaft der Koniferen und im Gewürznelkenöl fand, wird dem Laien originell erscheinen. Man mußte eben nur darauf kommen. Die Haarmann & Reimer GmbH hat dieser ersten ,Erfindung' in ihrer noch heute im Inland gültigen Telegrammanschrift ,Vanillinfabrik Holzminden' ein Denkmal gesetzt.

Bis zum Jahre 1919 forschte, entwickelte und produzierte Haarmann & Reimer noch allein in Holzminden. Nach dem Ende des Ersten Weltkrieges jedoch begann Carl Wilhelm Geberding mit dem Aufbau eines Konkurrenz-Unternehmens und belebte damit das Riech- und Geschmackstoff-Geschäft. Man fiel sich anfangs gegenseitig nicht in die Arme. Eher schon in den Arm. Das versteht sich unter Pionieren. Man beschnupperte sich buchstäblich und argwöhnisch, so den Duft der Konkurrenz tief in sich ein, während man durch die Sträßchen der gemeinsamen Heimatstadt ging [s. zum Vanillinduft in der EINLEITUNG], um dem anderen auf die Schliche zu kommen. Der ,dragon', der Drache als Firmenzeichen der Dragoco, mag ein Symbol für diese kämpferische Periode sein. Und auch Haarmann & Reimer führte keine Friedenstaube im Wappen.

Den folgenden Generationen kühlte aber gottlob das gemeinsame Interesse das Mütchen. Haarmann & Reimer und Dragoco haben heute beide Weltgeltung und gehören zu den international führenden Unternehmen der Riech- und Geschmackstoffindustrie.

(...)

*Es könnte sein, daß Sie während Ihres Aufenthaltes in unserem Städtchen einen Hauch von Maiglöckchen ‚in der Nase' hatten. Es kann auch Erdbeere gewesen sein oder eben **Vanillin**, das dieser Stadt eine neue Dimension gegeben hat. Schon die Römer sandten seinerzeit ‚per fumum', im Rauch edler Hölzer und Gewürze, ihre Bitten an die Götter jenseits der Wolken. Sehen Sie also die zarten Duftschwaden getrost als dankbares ‚Rauchopfer' der Holzmindener an den Genius, der diese Stadt zum Zentrum einer überaus liebenswerten Industrie gemacht hat."*

Der zur Duftstele Nr.1 „Stadt der Düfte und Aromen" | „Ouverture" genannte Duft beim Stadtrundgang am Haarmannplatz ist im Büro des Stadtmarketings am Markt in dem abgebildeten Fläschchen zu erhalten.

Parfümeur des Dufts *Ouverture* ist Karl Heinz BORK. Der Text dazu lautet:

„Der Duft ‚Ouvertüre' ist eine dynamische moderne Duftkomposition, die feminine und maskuline Elemente mit typischen Impressionen des Weserberglands wie Wald, Wasser und Natur vereint.

Der Auftakt der betont frischen Komposition ist geprägt von agrumigen Komponenten Bergamotte, Zitrone und grünwaldigen Noten. Den Mittelteil bilden blumige Bestandteile: Maiglöckchen, Orchideen, Veilchen, Rose und Rapsblüte. Abgerundet und gehalten wird die Komposition von einem natürlich anmutenden, edlen Holz-Amber-Moschus-Fond."

NAMEN-REGISTER

LITERATURVERZEICHNIS (Auswahl)

Kuhse, Björn Bernhard: Wilhelm Haarmann auf den Spuren der Vanille. Forscher, Unternehmer und Pionier der Riechstoffe, Verlag Jörg Mitzkat, Holzminden 2012.

Kuhse, Vanillin – Historie und Schulrelevanz. Die Geschichte einer regionalen Riechstoffindustrie und deren Verwendung in einem praxisorientierten Chemieunterricht, Cuvillier Verlag, Göttingen 2010.

Vaupel, Elisabeth: Betört von Vanille, in: Kultur & Technik, 26, Nr. 1 (2002), 47-51.

Vogelmann, Margot: Aus der Geschichte der Riechstoffindustrie, in: Chemiker-Zeitung 99, Nr. 2 (1975), 49-53.

Martinetz, Dieter und Roland *Hartwig*: Taschenbuch der Riechstoffe, Harri Deutsch, Frankfurt am Main 1998.

Schwedt, Georg: Betörende Düfte, sinnlich Aromen, Wiley-VCH, Weinheim 2008.

Schwedt, Georg: Zuckersüße Chemie. Kohlenhydrate & Co, 2. Aufl., Wiley-VCH, Weinheim 2015.

(Ausführliche Literaturangaben auch in B. B. Kuhse, Wilhelm Haarmann auf der Spuren der Vanille, s.o.)

Broschüre vom Stadtmarketing Holzminden (Am Markt 2, 37603 Holzminden):
Holzminden. Stadt der Düfte und Aromen. Ein duftender Stadtrundgang zu den Sehenswürdigkeiten (Hrsg. Stadt Holzminden, Herbst 2008)